王逢振　主编

詹姆逊作品系列

黑格尔的变奏

论《精神现象学》

[美]弗雷德里克・詹姆逊（Fredric Jameson）著
王逢振　译

Fredric R Jameson

中国人民大学出版社
・北京・

总　序

众所周知，弗雷德里克·詹姆逊（Fredric Jameson，1934—　）是当代著名的思想家和批评家，也是公认的、仍然活跃在西方学界的马克思主义者。其作品已经被翻译成十多种文字，产生了广泛的影响。因此，在“詹姆逊作品系列”出版之际，对詹姆逊及其作品做一简要介绍，不仅必要，而且也不乏现实意义。

一、弗雷德里克·詹姆逊其人

20 多年前，我写过弗雷德里克·詹姆逊，当时心里主要是敬佩；今天再写，这种心情仍在，且增添了深厚的友情。自从 1983 年 2 月与他相识，至今已经 35 年多，这中间交往不仅没有中断，而且日益密切，彼此在各方面有了更多的了解，因此我称他为老友。他也把我作为老朋友，对我非常随便。例如，2000 年 5 月，他和我同时参加卡尔加里大学的一个小型专题研讨会，会后帕米拉·麦考勒姆（Pamela Maccllum）教授和谢少波带我们去班夫国家公园游览，途中他的香烟没有了（当时他还抽烟），不问我一声，便从我的口袋里掏出我的烟抽起来。此事被帕米拉·麦考勒姆和谢少波看在眼里，他们有些惊讶地说：“看来你们的关系真不一般，这种事在北美是难以想象的。”

其实，我和他说来也是缘分。1982 年秋季我到加州大学洛杉矶分校作访问学者，正好 1983 年 2 月詹姆逊应邀到那里讲学，大概因为他是马克思主义批评家，想了解中国，便主动与我联系，通过该校的罗伯特·马尼吉斯教授约我一起吃饭，并送给我他的两本书：《马克思主义与形式》（*Marxism and Form*，1970）和《政治无意识》（*The Political Unconscious：Narrative as a Socially Symbolic Act*，1981），还邀请我春天到他当时任教的加州大学圣克鲁兹分校访问。

说实在的，他送的那两本书我当时读不懂，只好硬着头皮读。我想，读了，总会知道一点，交流起来也有话说，读不懂的地方还可以问。4 月，我应邀去了圣克鲁兹。我对他说，有些东西读不懂。他表示理解，并耐心地向我解释。我们在一起待了一个星期，我住在他家里，并通过他的安排，会见了著名学者海登·怀特和诺曼·布朗等人，还做了两次演讲——当时我在《世界文学》编辑部工作，主要是介绍中国翻译外国文学的情况。

1983 年夏天，我们一起参加了在伊利诺伊大学厄本那-香槟分校召开的“对马克思主义和文化的重新阐释”的国际会议。正是在这次会议上，我认识了一些著名学者，如佩里·安德森（Perry Anderson，英）、G. 佩特洛维奇（G. Petrovic，南斯拉夫）、亨利·列斐伏尔（Henri Lefebvre，法）和弗朗哥·莫雷蒂（Franco Moretti，意）等人（我在会议上的发言与他们的发言后来一起被收入了《马克思主义和文化阐释》［*Marxism and the Interpretation of Culture*］一书）。此后，1985 年，我通过当时在北京大学国政系工作的校友龚文庠（后任北京大学传播学院副院长）的帮助和安排，由北京大学邀请詹姆逊做了颇有影响的关于后现代文化的系列演讲。詹姆逊在北京四个月期间，常到我家做客。后来我到杜克大学访问，也住在他家里。

詹姆逊生于美国的克里夫兰，家境比较富裕，自幼受到良好的教育，幼年还学过钢琴，对音乐颇有悟性。他聪明好学，博闻强记，20 岁（1954 年）在哈弗福德学院获学士学位，22 岁

(1956 年) 获耶鲁大学硕士学位，接着在著名理论家埃里希·奥尔巴赫的指导下，于 25 岁 (1959 年) 获耶鲁大学法国文学和比较文学博士学位；其间获富布赖特基金资助在德国留学一年 (1956—1957 年)，先后就读于慕尼黑大学和柏林大学。1959 年至 1967 年在哈佛大学任教，1967 年到新建的加州大学圣地亚哥分校任教，在那里，他遇到了一度是法兰克福学派的重要人物和激进学生领袖的赫伯特·马尔库塞。此后，从 1976 年到 1983 年，他任耶鲁大学法文系教授，1983 年转至加州大学圣克鲁兹分校。1985 年夏天，杜克大学为了充实和发展批评理论，高薪聘请他任该校讲座教授，专门为他设立了文学系 (Graduate Program in Literature)，由他当系主任，并决定该系只招收博士研究生，以区别于英文系。记得当时还聘请了斯坦利·菲什 (Stanley Fish)、简·汤姆金斯 (Jane Tomkins)，以及年轻有为的弗兰克·兰垂契亚 (Frank Lentricchia) 和乔纳森·阿拉克 (Jonathan Arac，后来没去)。从那时至今，他一直在杜克大学，2003 年辞去系主任职务，不过仍担任批评理论研究所所长和人文学科教授委员会主任。2014 年才辞去所有职务。

1985 年他刚到杜克大学时，该校给了他一些特殊待遇。正是这些特殊待遇，使他得以在 1985 年秋到中国讲学一个学期 (他的系列演讲即后来国内出版的《后现代主义和文化》)，并从中国招收了两名博士研究生：唐小兵和李黎。唐小兵现在是南加州大学教授，李黎是中美文化交流基金会董事长。由于詹姆逊对中国情有独钟，后来又从中国招收过三名博士研究生，并给予全额奖学金，他们分别是张旭东、王一蔓和蒋洪生。张旭东现在已是纽约大学教授，蒋洪生任教于北京大学中文系。

虽然詹姆逊出身于富裕之家，但因为马克思主义的影响，生活上并不讲究。也许是为了有更多的时间读书，他几乎从不注意衣着，在我与他的交往中，只见他打过一次旧的、过时的领带。他总是随身带着一个小本子，每当谈话中涉及他感兴趣的问题，他就会随手记下来，过后再进行思考——这也许是值得我们学习的方法。在我看来，他除了读书写作和关注社会之外，几乎没有什么业余爱好——当然，他喜欢喝酒，也会关注某些体育比赛（我记得他很关注世界杯足球赛的结果）。他并不像某些人讲的那样，旅行讲学必须住五星级宾馆，至少我知道他来中国旅行讲学时，大多住在学校的招待所里。1985 年他第一次来中国时，当时交通条件还不像现在这么便利舒适，我和他曾一起坐过没有空调的硬卧火车，在小饭馆里喝过二锅头。他与许多衣着讲究的教授形成鲜明的对照。可能由于他住在乡间的房子里，加上不注意衣着，张旭东在杜克大学读书时，他的儿子曾把詹姆逊称作“农民伯伯”。詹姆逊妻子苏珊也是杜克大学教授，是个典型的环保主义者，自己养了许多鸡，还养羊（当然詹姆逊有时也得帮忙），鸡蛋和羊奶吃不完就送给学生。因此，在不甚确切的意义上，有人说詹姆逊的生活也体现了他的马克思主义情怀。

二、詹姆逊的学术成就

到 20 世纪 70 年代中期，詹姆逊已被公认是最重要的马克思主义批评理论家。但直到《政治无意识》出版之后，他的独创性才清晰地显现出来。他在该书的一开始就鲜明地提出自己的主张：“总是要历史化!”并以此为根据，开始了对他称之为“元评论”的方法论的探讨，对于长期存在的美学和社会历史的关系问题，从理论上给出了一种自己的回答。与传统的历史批评形式相对，詹姆逊不仅把文化文本置于它们与历史语境的直接关系之中，而且从解释学的角度对它们进行探讨，探讨解释的策略如何影响我们对个体文本的理解。但与其他现代解释理论不同（例如罗伯特·姚斯［H. R. Jauss］的接受理论），詹姆逊强调其目标是一种马克思主义的意识形态分析，并认为马克思主义包含所有其他的解释策略，而其他的解释策略都是片面的。

《政治无意识》奠定了詹姆逊在学术界的地位。有人说，詹姆逊是“第二次世界大战以来美国最重要的马克思主义文学批评家。只有英国的雷蒙德·威廉斯写出过和他同样重要的作品”①。“詹姆逊是当前文坛上最富挑战性的美国马克思主义思想家。他对法兰克福学派主要人物的解释，他对俄国形式主义、法国结构主义、后结构主义的解释，以及他对卢卡奇、萨特、阿尔都塞、马克斯·韦伯和路易斯·马丁的解释，都对 20 世纪马克思主义和欧洲思想历史做出了重大贡献。詹姆逊对小说发展的论述，对超现实主义运动的论述，对巴尔扎克、普鲁斯特、阿尔桑德洛·曼佐尼（Alessandro Manzon）和阿兰·罗伯-格里耶（Alain Robbe-Grillet）这些欧洲作家的论述，以及他对包括海明威、肯尼思·勃克（Kenneth Burke）和厄休拉·勒奎恩（Ursula Le Guin）在内的各类美国作家的论述，构成了强有力的政治的理解。”② “詹姆逊是当前杰出的马克思主义批评家，很可能是我们这个时代最重要的以社会历史为导向的批评家……他的《政治无意识》是一部重要著作，不仅文学家要读，历史学家、社会学家以及哲学家都应该读它。”③ “在大量的批评看法当中，詹姆逊坚持自己的观点，写出了最动人的谐谑曲式的著作。”④

---

① *Contemporary Literary Criticism* (University of Oklahoma Press, 1986), p. 111.

② *Postmodernism and Politics* (University of Minnesota Press, 1986), p. 123.

③ Hayden White 写的短评，见 *The Political Unconscious* (Cornell University Press, 1981) 封底。

④ *New Orleans Review* (Spring, 1984), p. 66.

詹姆逊的理论和学术贡献是多方面的。就文学批评而言，主要表现在历史主义和辩证法方面。他是一个卢卡奇式的马克思主义者，但超越了卢卡奇的怀旧历史主义和高雅人道主义。他所关心的是，在后结构主义对唯我论的笛卡尔主义、超验的康德主义、目的论的黑格尔主义、原始的马克思主义和复归的人道主义进行深刻的解构之后，人们如何严肃地对待历史、阶级斗争和资本主义非人化的问题，也就是说，“面对讽刺的无能，怀疑的瘫痪，人们如何生活和行动的问题”[①]。詹姆逊认为非常迫切的问题是：对“总体化”（totalization）进行马克思主义的探讨，包括与之相关的整体性的概念、媒体、历史叙事、部分与整体的关系、本质与表面的区分、主体与客体的对立等等，是不是要预先构想一种理想的哲学形式？是否这种形式必然是无视差别、发展、传播和变异的某种神秘化的后果？他大胆而认真地探讨这些问题，但他尽量避免唯心主义的设想，排除神秘化的后果。

在詹姆逊的第一部作品《萨特：一种风格的始源》（*Sartre: The Origins of a Style*，1961）里，他分析了萨特的文学理论和创作。该著作原是他在耶鲁大学的博士论文，由于受他的导师埃里希·奥尔巴赫以及与列奥·斯皮泽相关的文体学的影响，作品集中论述了萨特的风格、叙事结构、价值和世界观。这部著作虽然缺少他后来作品中那种典型的马克思主义范畴和政治理解，但由于20世纪50年代刻板的因循守旧语境和陈腐的商业社会传统，其主题萨特和复杂难懂的文学理论写作风格（那种以长句子著称的风格已经出现），却可以视为詹姆逊反对当时的守旧思潮，力图使自己成为一个批判型的知识分子。如果考察一下他当时的作品，联想当时的社会环境，人们不难看出他那时就已经在反对文学常

---

① *Postmodernism and Politics*, p. 124.

规，反对居支配地位的文学批评模式。可以说，詹姆逊的所有作品构成了他对文学批评中的霸权形式和思想统治模式的干预。

20 世纪 60 年代，受到新左派运动和反战运动的影响，詹姆逊集中研究马克思主义，出版了《马克思主义与形式》，介绍新马克思主义文学理论的辩证传统。自从在《语言的牢笼》（*The Prison-House of Language*，1972）里对结构主义进行阐述和批判以后，詹姆逊集中精力发展他自己的文学和文化理论，先后出版了《侵略的寓言：温德姆·路易斯，作为法西斯主义的现代主义者》（*Fables of Aggression*：*Wyndham Lewis*，*the Modernist as Fascist*，1979）、《政治无意识》和《后现代主义，或晚期资本主义的文化逻辑》（*Postmodernism*，*or*，*the Cultural Logic of Late Capitalism*，1991），同时出版了两卷本的论文集《理论的意识形态》（*The Ideologies of Theory*，第一卷副标题为“理论的境遇”，第二卷副标题为“历史的句法”，两卷均于 1988 年出版）。随着文化研究的发展，他还出版了《可见的签名》（*Signatures of the Visible*，1991）和《地缘政治美学》（*The Geopolitical Aesthetic*，1992），收集了他研究电影和视觉文化的文章。此后他出版了《时间的种子》（*The Seeds of Time*，1994）和《文化转向》（*The Cultural Turn*，1998）两部论述后现代主义的著作。这期间，他仍然继续研究和阐释马克思主义理论和马克思主义美学，出版了《晚期马克思主义》（*Late Marxism*，1990）、《布莱希特与方法》（*Brecht and Method*，2000）和《单一的现代性》（*A Singular Modernity*，2003）。最近一个时期，他从乌托邦的角度探索文化的干预功能，出版了《未来的考古学》（*Archaeologies of the Future*，2005）。

在詹姆逊的作品里，除了《萨特：一种风格的始源》一书之外，他一直坚持两分法或辩证法的解释方法。应该说，他的著作具有明显的连续性。人们不难发现，从20世纪70年代初到80年代后期，随便他的哪一篇文章或哪一本书，在风格、政治和关注的问题方面，都存在着某种明显的相似性。实际上，今天阅读他的《理论的意识形态》里的文章，仍然会觉得这些文章像昨天刚写的一样。然而，正如詹姆逊在论文集的前言里所说，在他的著作里，重点已经发生了根本变化："从经转到了纬：从对文本的多维度和多层面的兴趣，转到了只是适当地可读（或可写）的叙事的多重交织状况；从解释的问题转到了编史问题；从谈论句子的努力转到（同样不可能的）谈论生产方式的努力。"换句话说，詹姆逊把聚焦点从强调文本的多维度，如它的意识形态、精神分析、形式、神话-象征的层面（这些需要复杂的、多种方式的阅读实践），转向强调如何把文本纳入历史序列，以及历史如何进入文本并促使文本的构成。但这种重点的转变同样也表明詹姆逊著作的连续性，因为从20世纪60年代后期到90年代，他一直优先考虑文本的历史维度和政治解读，从而使他的批评实践进入历史的竞技场，把批评话语从学院的象牙塔和语言的牢笼里解放出来，转移到以历史为标志的那些领域的变化。

因此，人们认为詹姆逊的作品具有一种开放的总体性，是一种相对统一的理论构架，其中不同的文本构成他的整体的组成部分。从结构主义到后结构主义，从精神分析到后现代主义，许多不同的观点都被他挪用到自己的理论当中，通过消化融合，形成他独创性的马克思主义文学理论和文化理论。马克思主义一直是詹姆逊著作的主线，以马克思主义为主导，他利用对意识形态和乌托邦的双重阐释，对文化文本中意识形态的构成因素进行分析和批判，并指出它们的乌托邦内涵，这使他不仅对现行社会进行批评，而且展现对一个更美好的世界的看法。可以说，在马克思主义理论家恩斯特·布洛赫（Ernst Bloch）的影响下，詹姆逊发展了一种阐释的、乌托邦的马克思主义文化理论观。

詹姆逊早期的三部主要著作及其大部分文章，旨在发展一种反主流的文学批评，也就是反对当时仍然居统治地位的形式主义和保守的新批评模式，以及英美学术界的既定机制。20 世纪 60 年代末和 70 年代初，黑格尔式的马克思主义在欧洲和美国出现，《马克思主义与形式》可以说是对这一思想的介绍和阐释。在这部著作中，詹姆逊还提供了其他一些马克思主义者的基本观点，如阿多诺、本雅明、马尔库塞、布洛赫、卢卡奇和萨特等，并通过对他们的分析形成了自己的观点和立场。他偏爱卢卡奇的文学理论，但坚持自己独特的黑格尔式的马克思主义，并在他后来的作品里一直保持下来。

卢卡奇论现实主义和历史小说的著作，对詹姆逊观察文学和文学定位方面都产生了相当大的影响。但詹姆逊一直不赞同卢卡奇对现代主义的批判。不过，他挪用了卢卡奇的一些关键的概念范畴，例如物化，并以此来说明当代资本主义的文化命运。在詹姆逊的著作里，黑格尔式的马克思主义的标志包括：把文化文本置于历史语境，进行广义的历史断代，以及对黑格尔的范畴的运用。他的辩证批评主要是综合不同的立场、观点和方法，把它们融合成一种更全面的理论，例如在《语言的牢笼》里，他的理论融合了结构主义和符号学，以及俄国形式主义。在《政治无意识》里，他广泛汲取其他理论，如弗洛伊德的精神分析、拉康的心理学、德里达的解构主义、萨特的存在主义等等，把它们用于具体的解读，在解读中把文本与其历史和文化语境相联系，分析文本的“政治无意识”，描述文本的意识形态和乌托邦的时刻。

对詹姆逊来说，辩证的批评还包含这样的内容：在进行具体分析的同时，以反思或内省的方式分析范畴和方法。范畴连接历史内容，因此应该根据它产生的历史环境来解读。在进行特定的、具体的研究时，辩证批评应该考虑对范畴和过程的反思；应该考虑相关的历史观照，使研究的客体在其历史环境中语境化；应该考虑乌托邦的想象，把当前的现实与可能的选择替代相对照，从而在文学、哲学和其他文化文本中发现乌托邦的希望；还应该考虑总体化的综合，提供一种系统的文化研究的框架和一种历史的理论，使辩证批评可以运作。所有这些方面都贯穿着詹姆逊的作品，而总体化的因素随着他的批评理论的发展更加突出。

20 世纪 70 年代，詹姆逊发表了一系列的理论探索文章和许多文化研究的作品。这一时期，人们会发现他的研究兴趣非常广泛，而且因其理论功底具有相当的洞察力。他的研究范围包括科幻小说、电影、绘画、魔幻叙事和现实主义与现代主义文学，也包括马克思主义文化政治、帝国主义、巴勒斯坦民族解放问题、马克思主义的教学方法，以及如何使左派充满活力。这些文章有许多收入《理论的意识形态》里，因此这部论文集可以说是他在《政治无意识》里所形成的理论的实践。这些文章，以及《后现代主义，或晚期资本主义的文化逻辑》里的文章，可以联系起来阅读，它们是他的多层次理论的不可分割的部分，表明了文学形式的历史、主体性的方式和资本主义不同阶段的相互联系。

三、政治无意识

应该说，《政治无意识》是詹姆逊的最重要的作品。在这部著作里，詹姆逊认为，批评家若想解释文本的意义，就必须经历一系列不同的阶段，这些阶段体现在文本之中，通过系统地解码揭示出来。为了做到这点，他汲取 20 世纪各种理论资源，从诺斯罗普·弗莱（Northrop Frye）的四个解释层面到拉康的无意识理论，从俄国形式主义到后结构主义，从德里达的解构主义到阿尔都塞的意识形态论述，几乎无一不被加以创造性地利用。在他看来，马克思主义批评不是排他性的或分离主义的，而是包容性的和综合性的，它融合各种资源的精华，因此可以获得更大的“语义的丰富性”。批评家应该考察文本指涉的政治历史、社会历史（按照传统马克思主义也就是阶级斗争的历史）和生产方式的历史。但这些方式不是互相取代，而是互相交叠融合，达至更高层次的普适性和更深层次的历史因果关系。

詹姆逊一向注重对总体化的探讨，包括伴随它的总体性概念、媒介、叙事、部分和整体的关系、本质和表面的区分、主体与客体的对立等等。他认为，总体性是在对矛盾的各阶级和对抗的生产方式的综合的、连贯性的叙事中表现出来的，对这种总体性的观察构成现时“真正欲望的形象”，而这种欲望既能够也确实对现时进行否定。但这种概念的作用不同于后结构主义的欲望概念，它是一种自由意志的结构，而不是存在意志的结果。

詹姆逊对总体性的设想，在他对欲望、自由和叙事等概念之间的联系中，清晰地展现了出来。他在讨论安德烈·布勒东（André Breton）的《超现实主义宣言》（*Premier manifeste du surréalisme*）时写道：

> 如果说超现实主义认为，一个真实的情节，一个真实的叙事，代表了欲望本身的真正形象，这并不过分；这不仅按照弗洛伊德的看法纯心理的欲望本身是意识不到的，而且还因为在社会经济关系里，真正的欲望很可能融化或消失在形成市场体系的那种虚假满足的大网之中。在那种意义上说，欲望就是自由在新的商业语境中所采取的形式，除非我们以一般欲望的方式来考虑自由，我们甚至认识不到自己已经失去了自由。[①]

① *Marxism and Form* (Princeton University Press, 1970), pp. 100–101.

詹姆逊认为，当代批评的主要范畴不是认识论而是道德论。因此他不是构成某种抽象的存在，而是积极否定现时，并说明这种否定会导向一种自由的社会。例如，德里达虽然揭示了当代思想中的二元对立（如言语与写作，存在与虚无，等等），但他却没有注意善与恶这种类似的道德上的二元对立。对此詹姆逊写道：

> 从德里达回到尼采，就是要看到可能存在一种迥然不同的二元对立的解释，按照这种解释，它的肯定和否定的关系最终被思想吸收为一种善恶的区分。表示二元对立思想意识的不是形而上的玄学而是道德；如果我们不能理解为什么道德本身是思想的载体，是权力和控制结构的具体证明，那么我们就忘记了尼采思想的力量，就看不到关于道德的丑陋恶毒的东西。①

詹姆逊把西方哲学和批评从认识论和形而上学转向道德的这种观点，给人们留下了深刻的印象。他对欲望概念的政治化的阐述，在西方具有重要的意义，因而也比后结构主义的欲望概念更多地为人们接受。

大体上说，詹姆逊在《政治无意识》里所展现的理论思想有四个层次。第一，他坚持对各种事物的历史参照，比如人类的痛苦、人类所受的控制以及人类的斗争等；同时他也坚持对著作文本的参照，比如文本中充满对抗的历史语境，充满阶级和阶级矛盾的社会条件以及自相矛盾的思想意识的结构等。采用这种方式，他既接受后结构主义的反现实主义的论述，同时又否定其文本的唯心主义；他承认历史要通过语言和文本的解释进行思考，

---

① *The Political Unconscious*, p. 114.

但他仍然坚持历史的本体存在。第二，他坚持自己的解释规则，即资本主义社会物化过程的协调规则。这种协调采取谱系的结构形式，既不是遗传的连续性，也不是目的的一致性，而是一种“非共时性的发展”（nonsynchronous development）。按照这种观点，历史和文本可以看作一种共时性的统一，由结构上矛盾或变异的因素、原生的模式和语言等组成。因此詹姆逊可以把过去的某些方面看作现时物化因素的先决条件。第三，他坚持一种道德或精神的理解，遵循阿尔都塞的意识形态概念，认为再现的结构可以使个人主体想象他们所经历的那些与超个人现实的关系，例如人类的命运或者社会的结构等。第四，詹姆逊坚持对集体历史意义的政治理解，这一层次与第三个层次密不可分，主要论述超个人现实的特征，因为正是这种超个人的现实，把个人与某个阶级、集团或社会的命运联系在了一起。

实际上，《政治无意识》包含着他对文学方法的阐述，对文学形式历史的系统创见，以及对主体性的形式和方式的隐在历史的描述，跨越了整个文化和经验领域。詹姆逊大胆地建构他的马克思主义文学批评，他认为这是广阔的、最富包容性的理论框架，可以使他把各种不同的方法融入他自己的方法之中。他在从总体上考察了文学形式的发展历史之后，通过对意识形态和乌托邦的“双重阐释”（坚持乌托邦的同时对意识形态进行批判）的论述，确立了真正的马克思主义的解释方法。受卢卡奇启发，詹姆逊利用历史叙事说明文化文本何以包含着一种“政治无意识”，或被埋藏的叙事和社会经验，以及如何以复杂的文学阐释来说明它们。在《政治无意识》里，詹姆逊还明确谈到了资本主义初期资产阶级主体的构成，以及在当前资本主义社会里资产阶级主体的分裂。这种主体分裂的关键阶段，在他对吉辛、康拉德和温德姆·路易斯的作品的分析中得到了充分表现，并在他对后现代主义的描述里得到了进一步深化。

《政治无意识》是理解詹姆逊著作的基础。要了解他的理论，必须读这本著作，或者说读懂了这本著作，就克服了他的著作晦涩难懂的问题，就容易理解他所有的其他著作。

四、后现代主义文化研究

詹姆逊对后现代主义的研究，实际上是他的理论计划的合乎逻辑的后果。他最初对后现代文化特征的分析见于《后现代主义和消费社会》一文，而他的综合思考则见于他的《后现代主义，或晚期资本主义的文化逻辑》。根据马克思主义关于资本主义的理论，他对作为一种新的"文化要素"的后现代主义进行了系统的解释。

詹姆逊根据新马克思主义的资本主义发展阶段论的模式，把后现代文化置于社会阶段论的理论框架之内，指出后现代主义是资本主义新阶段的组成部分。他宣称，后现代主义的每一种理论，都隐含着一种历史的断代，以及一种隐蔽或公开的对当前多国资本主义的立场。依照厄尔奈斯特·曼德尔（Ernest Mandel）在其著作《晚期资本主义》（*Late Capitlism*）中的断代方式，詹姆逊提出，资本主义有三个基本阶段，每一个阶段都标志着对前一个阶段的辩证的发展。它们分别是市场资本主义阶段，垄断资本主义阶段或帝国主义阶段，以及当前这个时代的资本主义（通常人们错误地称作后工业资本主义，但最好称作多国资本的资本主义）阶段。他认为，与这些社会形式相对应的是现实主义、现代主义和后现代主义等文化形式，它们分别反映了一种心理结构，标志着某种本质的变化，因而分别代表着一个阶段的文化风格和文化逻辑。后现代主义的主要特点是商品化的思想渗透到各个文化领域，取消了高雅文化和通俗文化的界限；同时，由于现代传媒和电子计算机的广泛应用，模仿和复制也广泛流行。与这两种情况相关，人们开始产生一种怀旧情绪，出现了怀旧文化。詹姆逊指出，后现代主义还是一个时间概念，在后现代社会里，时间的连续性打破了，新的时间体验完全集中于“现时”，似乎“现时”之外一无所有。在理论方面，后现代主义主要表现为跨学科和注重“现时”的倾向。

在《后现代主义，或晚期资本主义的文化逻辑》、《可见的签名》和《文化转向》里，詹姆逊进一步发展了他的主张，从而使他成为著名的马克思主义文化理论家：他一方面保持和发展马克思主义的理论，另一方面对极不相同的文化文本所包含的政治、意识形态和乌托邦思想进行分析。他的著作把文学分析扩展到通俗文化、建筑、理论和其他文本，因此可以看作从经典文学研究到文化研究这一运动的组成部分。

《时间的种子》是詹姆逊论后现代主义的一部力作，是他根据在加州大学欧文分校一年一度的韦勒克系列学术演讲改写而成的。虽然篇幅不长，但因那种学术演讲十分重要，他做了精心准备，此后还用了两年多的时间修改补充。在这部作品里，詹姆逊以他惯有的马克思主义辩证观点和总体性，提出了后现代性和后现代主义的种种内在矛盾：二律背反或悖论。他关心整个社会制度或生产方式的命运，心里充满了焦虑，却又找不到任何可行的、合理的方案，于是便发出了这样的哀叹：“今天，我们似乎更容易想象土地和自然的彻底破坏，而不那么容易想象后期资本主义的瓦解，也许那是因为我们的想象力有某种弱点。”然而他并不甘心，仍然试图在种种矛盾中找到某种办法。出于这种心理，詹姆逊在《时间的种子》里再次提出乌托邦的问题，试图通过剖析文化的现状，打开关于未来世界的景观。确实，在《时间的种子》里，每一部分都试图分析判断文化的现状，展望其未来的前景；或者说，在后现代的混沌之中，探索社会的出路。

詹姆逊对后现代性和后现代主义的理论阐述，其基本出发点是对美国后期资本主义文化的反思和批判，是对后现代之后社会形态的思考。这在《时间的种子》的最后一节表现得非常清楚。他这样写道："另一方面，在各种形式的文化民族主义当中，仍然有一种潜在的理想主义的危险，这种文化民族主义倾向于过高地估计文化和意识的有效性，而忽视与之同在的经济独立的需要。可是，在一种真正全球性的后期资本主义的后现代性里，恰恰是经济独立才在各个地方又成了问题。"

从总体关怀出发，詹姆逊认为，现在流行的文化多元主义应该慎重地加以考虑。他以后福特主义为例指出，后福特主义是后现代性或后期资本主义的变体之一，它们基本上是同义词，只是前者强调了跨国资本主义的一种独特的性质。后福特主义运用新的计算机技术，通过定制的方式为个人市场设计产品，表面上似乎是在尊重各地居民的价值和文化，适应当地的风俗，但正是这种做法，使福特公司浸透到地方文化的内心深处，传播其消费主义的意识形态，从而难以再确定地方文化的真正意义。詹姆逊还通过对建筑的分析指出，跨国公司会"重新装饰你们自己本地的建筑，甚至比你们自己做得更好"。但这并不是为了保持自己已有的文化，而主要是为了攫取高额的利润。因此詹姆逊忍不住问道："今天，全球的差异性难道会与全球的同一性一致?"显然，詹姆逊认为，美国所谓的多元文化主义只不过是一种策略，其目的是推行消费主义的文化意识形态，因此必须把它与社会生产关系联系起来加以审慎的考虑。

詹姆逊的所有著作都贯穿着他的辩证思想。但他只能比较客观地面对后现代资本主义的现实，而没有提出解决现实社会问题的办法——这也是当前普遍关注的一个问题。尽管如此，詹姆逊的探索精神仍然是值得尊敬的。也许，一切都只能在实践中求取。

进入古稀之年以后，詹姆逊仍然孜孜不倦，从理论上对资本主义及其文化和意识形态进行探索。在全球化的形势下，他关注世界经济的发展变化，关注全球化与政治、科技、文化、社会的关系，揭露资本主义的内在矛盾，并力图从理论上阐述这些矛盾。在他看来，资本的全球化和高科技的发展可能会导致新的社会和文化革命，出现新的政治和文化形态，但马克思主义的原理并不会过时，而是应该在新的条件下进行新的解释和运用。他仍然坚持乌托邦的想象，认为随着全球化的发展，可能会出现新的世界范围的“工人运动”，产生新的文化意识，而知识分子的任务就是要从理论上对这些新的情况进行描述和解释，提出相应的策略，否则谈论文化研究和文学研究就像空中楼阁，既不实用也没有基础。《未来的考古学》，就是他的一部论述乌托邦的力作。而《辩证法的效价》（*Valences of the Dialectic*，2009）则是他对自己所依托的理论的进一步阐述，该书根据辩证法的三个阶段（黑格尔、马克思，以及最近一些后结构主义者对辩证法的攻击），对从中产生的问题进行理论探讨，把它们置于商品化和全球化的语境之中，借鉴卢梭、卢卡奇、海德格尔、萨特、德里达和阿尔都塞等思想家的著作，通过论述辩证法从黑格尔到今天的发展变化，尤其是通过论述“空间辩证法”的形成，对辩证法提出了一种新的综合的看法，有力地驳斥了德勒兹、拉克劳和穆夫等人对辩证法的攻击。詹姆逊自己认为，这本书是他近年来最重要的作品。（原来他想用的书名是《拯救辩证法》，后改为现在的名字。）

随着年事增高，詹姆逊开始以不同的方式与读者分享他的知识积累，近年来先后出版了《黑格尔的变奏》（*The Hegel Variations*，2010）、《重读〈资本论〉》（*Representing Capital*，2011）、《现实主义的二律背反》（*The Antinomies of Realism*，2013）和《古代与后现代》（*The Ancients and the Postmoderns*，2015）。这些著作虽然不像《政治无意识》或《后现代主义，或晚期资本主义的文化逻辑》那样富于理论创新，但他以自己深厚的知识积累和独特的视角，对不同的理论和文学及艺术问题所做的理论阐发，仍然对我们具有明显的启示意义。

五、詹姆逊的历史化

在某种意义上，文学批评与现实世界的关系取决于文学作品的价值。因此，爱德华·萨伊德不止一次说过，这种关系贯穿着从文本价值到批评家的价值的整个过程。在体现批评家的价值方面，詹姆逊的批评著作可以说是当代的典范。2003 年 4 月，佩里·安德森在一次和我的谈话中也说，在 20 世纪后期和 21 世纪初期，詹姆逊的著作非常重要，不论是赞成还是反对，都不可能忽视，因为他以重笔重新勾画了后现代的整个景观——带有宏大的、原创的、统观整个领域的气势。这里安德森强调的是詹姆逊的大胆创新，而这点对理解詹姆逊的著作以及他的学术经历至关重要。

如果全面审视詹姆逊的著作，人们肯定会对他的著作所涉的广阔领域表示赞叹。他的著作运用多种语言的素材，依据多国的民族历史，展示出丰富的文化知识——从城市规划和建筑到电影和文学，从音乐和绘画到当代的视觉艺术，几乎无不涉及。他最突出的地方是把多种不同的思想汇聚在一起，使它们形成一个整体。这种总体化的做法既使他受到赞赏也使他受到批评，但不论是赞赏还是批评，都使他的作品充满了活力。由于他的大胆而广泛的融合，在某种意义上他成了当代设定批评讨论日程的人文学者之一。

因此，有人说，詹姆逊的著作历史体现了对一系列时代精神的论述，而对他的著作的接受历史则体现了对这些论述的一系列反应。对詹姆逊著作的接受大致可分为两类人：一类根据他对批评景观的一系列的测绘图，重新调整自己的方向；另一类继续使用现存的测绘图或提出自己的测绘图。第一类并不一定是不加批判地完全接受詹姆逊的著作；相反，他们常常采取质疑的态度。例如，在《后现代性的起源》里，佩里·安德森虽然基本上同意詹姆逊关于后现代主义的看法，但对他的阐述方式还是提出了批评。第二类基本上拒绝詹姆逊总体化的历史观，因此不赞成他的范式转换的主张。这一类的批评家认为詹姆逊论后现代主义的著作只不过是一种风格的批评，因为它们无视后现代主义更大的世界历史的含义。换句话说，他们忽视了詹姆逊的主要论点：后现代主义是深层的历史潜流的征象，需要探索它所体现的新的社会和政治组织的状况。

对这两种不同的态度的思考可能使我们想到詹姆逊著作的另一个重要方面。也就是说，几乎他每一本新的著作都介入一个新的领域，面对一些新的读者。这并不是说他无视过去的读者，而是他不愿意老调重弹，总是希望提出一些新的问题和论点。就此而言，这与他在《文化转向》里对齐美尔的评论有些相似："齐美尔对 20 世纪各种思潮的潜在影响是无法估量的，这在一定程度上是因为他拒绝将他的复杂思想整合到一个单一的系统之中；同时，那些非黑格尔派的或去中心的辩证法式的复杂表述经常由于他那冗长乏味的文体而难以卒读。"当然，詹姆逊因袭了黑格尔的辩证法，除此之外，就拒绝铸造特定体系和以沉重的散文隐含思想观念而言，他对齐美尔的评价显然也适合他自己。此外，在某种意义上，詹姆逊的影响也常常是潜在的。

总的来说，詹姆逊的影响主要在方法论方面。在他第一部作品《萨特：一种风格的始源》里，他的一些解读方法就已经出现。该书出版时正值冷战时期高峰，单是论述一个马克思主义者本身就具有挑战性，但今天的读者似乎已经没有那种感觉。因此一些批评家认为那本书缺乏政治性，至少不像它的主题那样明显地具有政治性。确实，詹姆逊没有论述萨特哲学的政治内容，而是重点强调他的风格。不过，他实际上强调的是风格中的“无意识的”政治，这点在他第二部作品《马克思主义与形式》里得到进一步发展。无论是其目的还是内容，《马克思主义与形式》都具有明显的政治性，而且改变了政治问题的范围。这两部作品预示了他后来著作发展的某些方面，他对风格的分析不是作为内容问题，而是作为形式问题。

对形式的强调是詹姆逊把非政治的事物政治化的主要方法。正如他自己所说：“艺术作品的形式——包括大众文化产品的形式——是人们可以观察社会制约的地方，因此也是可以观察社会境遇的地方。有时形式也是人们可以观察具体社会语境的地方，甚至比通过流动的日常生活事件和直接的历史事件的观察更加充分。”① 在这种意义上，形式批评为詹姆逊独特的辩证批评提供了基础。在构成这种方法的过程中，他融合了许多人的思想，如萨特、阿多诺、本雅明和卢卡奇等等，但很难说其中某个人对他有直接影响，然而他的著作中又都有这些人的影子。可以说，他的著作既是萨特式的、阿多诺式的、本雅明式的或者卢卡奇式

---

① Fredric Jameson, “Marxism and the Historicity of Theory: An Interview with Fredric Jameson,” *New Literary History* 29 (3), 1998: 360.

的，但同时也不是他们任何人的。有人简单地说他是黑格尔式的马克思主义者，但这种说法也不够确切，因为他的立场更多的是挑战性的综合。1971 年，他的获奖演讲“元评论”（Metacommentary）所提出的“元评论”的概念，实际上就表明了他的方法。虽然最近这个术语用得不那么多了，但它一直没有消失。“元评论”的基本活动是把理论构想为一种符码，具有它自己话语生产的规律，以及它自己的主题范围的逻辑。通过这种符码逻辑的作用，詹姆逊寻求揭示在这种文本和文本性的概念中发生作用的意识形态力量。

在《马克思主义与形式》之后，詹姆逊出版了他的最重要的著作《政治无意识》。这是一部真正具有国际影响的著作，据我所知，至少已有十种语言的译本。该书刚一出版，就在大西洋两岸引起了强烈反响，受众超出了传统的英文系统和比较文学系，被称为一本多学科交叉的著作。当时多种杂志出版专号讨论他的作品。《政治无意识》产生了多方面的影响，对当时新出现的文化研究领域影响尤其明显。它通过综合多种理论概念，如黑格尔、马克思、康德、弗洛伊德、阿尔都塞、德里达、福柯、拉康等人的，为文化研究的实践者提供了一种有效的方法，使他们可以探索和阐述流行文化和大众文化文本的意识形态基础。

就在詹姆逊写《政治无意识》之时，他已经开始构想另一部重要著作，也就是后来出版的那本被誉为具有划时代意义的论后现代主义的作品——《后现代主义，或晚期资本主义的文化逻辑》。《政治无意识》出版于 1981 年，同一年，他在纽约惠特尼现代艺术博物馆发表了“后现代主义，或晚期资本主义的文化逻辑”演讲。正是以这次演讲为基础，他写出了那本重要著作。在他出版这两部重要著作之间，詹姆逊在许多方面处于“动荡”状态，1983 年他离开了耶鲁大学法文系，转到加州大学圣克鲁兹分校思想史系，1985年又转到杜克大学文学系，其间于1985年下半年还到北京大学做了一个学期的系列讲座。这种“动荡”也反映在他的著作当中。这一时期，他的写作富于实验性，触及一些新的领域和新的主题，而最突出的是论述电影的作品。在此之前，他只写过两篇评论电影的文章，但到20世纪80年代末，他完成了两本专门论述电影的著作：一本是根据他在英国电影学院的系列演讲整理而成，题名《地缘政治美学》；另一本是以他陆续发表的与电影相关的文章为基础，补充了一篇很长的论装饰艺术的文章，合成为《可见的签名》。与此同时，他至少一直思考着其他四个未完成的项目。

有些人可能不太知道，詹姆逊对科幻小说很感兴趣，早在《政治无意识》的结论里，他对科幻小说和乌托邦的偏好已初见端倪，而且在20世纪80年代确实也写了不少有关科幻小说的文章。后来由于其他更迫切的项目，他搁置了一段时间，直到2005年才出版了专门研究乌托邦和科幻小说的著作《未来的考古学》。当时他想写一本关于20世纪60年代的文化史，虽然已经开始，但由于种种原因而未能完成，只是写了三篇文章：《六十年代断代》（“Periodizing the 1960s”）、《多国资本主义时期的第三世界文学》（“Third-World Literature in the Era of Multinational Capitalism”）和《华莱士·史蒂文斯》（“Wallance Stevens”）。尽管他说前两篇文章与他论后现代主义的著作相关，但他从未对它们之间的联系进行充分说明。关于华莱士·史蒂文斯的文章是他的“理论话语的产生和消亡”计划的部分初稿，但这项计划也一直没有完成，只是写了一篇《理论留下了什么?》（“What's Left of Theory?”）的文章。

在探索后现代主义的同时，詹姆逊对重新思考现代主义文本仍然充满兴趣，尤其是与后殖民主义文化相关的文本，如乔伊斯、福楼拜和兰波等人的作品。2003 年他出版了《单一的现代性》，以独特的视角对这些作家进行了深入探讨。随后，他将陆续写的有关现代主义的文章整合、修改、补充，于 2007 年出版了《现代主义论文集》（*The Modernist Papers*，该书由中国人民大学出版社以《论现代主义文学》为名于 2010 年出版）。这些著作仿佛是对现代主义和后现代主义之间的过渡进行理论阐述，但奇怪的是它们出现在他的论后现代主义重要著作之后。关于这一点，也许我们可以认为，他试图围绕后现代主义从各种不同的角度进行验证。

20 世纪 90 年代中期以后，以他的《文化转向》为始，詹姆逊开始从文化理论方面阐述新出现的世界历史现象——全球化。简单说，詹姆逊认为，全球化的概念是“对市场的性欲化”（libidinalization of the market），就是说，今天的文化生产越来越使市场本身变成了人们欲求的东西；在今天的世界上，再没有任何地方不受商品和资本的统治，甚至美学或文化的其他方面也概莫能外。由于苏联的解体和东欧的剧变以及社会主义遇到的困难，资本主义觉得再没有能替代它的制度，甚至出现了“历史的终结”的论调。实际上，詹姆逊所担心的正是这种观念，就是说，那种认为存在或可能存在某种取代资本主义的社会制度的看法，已经萎缩或正在消亡。正如他自己所说，今天更容易想象世界的末日而不是对资本主义的替代。因此他认为当前最迫切的任务是揭露资本主义的内在矛盾以及掩饰这些矛盾所用的意识形态方法。就此而言，詹姆逊的项目可能是他一生都完不成的项目；而我们对他的探讨，同样也难有止境。

此次“詹姆逊作品系列”包括十五卷，分别是：《新马克思主义》《批评理论和叙事阐释》《文化研究和政治意识》《现代性、后现代性和全球化》《论现代主义文学》《马克思主义与形式》

《语言的牢笼》《政治无意识》《时间的种子》《文化转向》《黑格尔的变奏》《重读〈资本论〉》《侵略的寓言》《萨特：一种风格的始源》《古代与后现代》。这些作品基本上涵盖了詹姆逊从1961年至2015年的主要著作，其中前四卷是文章汇编，后十一卷都是独立出版的著作。考虑到某些著作篇幅较短，我们以附录的方式补充了一些独立成篇的文章。略感遗憾的是，有些作品虽然已在中国出版，但未能收入文集，如《可见的签名》、《未来的考古学》和《辩证法的效价》等，主要是因其他出版社已经购买中文版权且刚出版不久，好在这些书已有中文版，读者可以自己另外去找。

对于"詹姆逊作品系列"的出版，首先要感谢中国人民大学出版社，在几乎一切都变得商品化的今天，仍以学术关怀为主，委实令人感动。其次要感谢学术出版中心的杨宗元主任和她领导下的诸位编辑，感谢他们的细心编辑和校对，他们对译文提出了许多建议并做了相应的修改。当然，也要感谢诸位译者的支持，他们不计报酬，首肯将译作收入作品系列再版。最后，更要感谢作者詹姆逊，没有他的合作，没有他在版权方面的帮助，这套作品系列也难以顺利出版。

毫无疑问，"詹姆逊作品系列"同样存在所有翻译面临的两难问题：忠实便不漂亮，漂亮便不忠实。虽然译者们做了最大努力，但恐怕仍然存在不少问题。我们期望读者能理解翻译的难处，同时真诚欢迎读者提出批评和建议，以便今后再版时改进。

王逢振

2018年5月

目　录

第 1 章　结束

让我们以结尾开始：最重要的是，不能认为“绝对精神”是 1
某个时刻，不论是历史的或结构的甚或是方法论的。如果不把《精神现象学》转变为一种展开的叙事[1]，就不可能考虑绝对精神是任何类型的终点；这种叙事可以以各种方式说成是目的论的或者循环论的，但无论哪种情形，它都被现代或至少当代的各种思想强烈地否认。

那么，是把它看作辩证法（一个黑格尔很少使用的词）的最终揭示，还是黑格尔常常更愿意称之为“思辨的”某种东西的明确开始？这些说法都有其真理的内核，因为从理解到理性的巨大转变意味着与普通经验主义的断裂，也意味着与我们常说的具体化的思维断裂。但是，在《逻辑学》里，在理解的消除和转变（这实际上可以看作一种结束）之后出现了两个而不是一个时刻，
其中每一个都可以称作辩证的，虽然由于不同的原因。《逻辑学》 2
的第二部分（1812—1816 年的“大”逻辑和 1817 年“小”的《哲学全书》的逻辑）以本质为标题，论述“反映”或者我们会称作二元对立的东西——换言之，非常具体地说明达到“对立统一”的东西，而这无疑是一个辩证的问题。但是，在专门论述那个概念的第三和最后部分，却以形而上学的（或“思辨的”）方式肯定了主体和客体的最终统一，“我”和“非我”或自然的最终统一，这种统一既可以采取演绎的形式，也可以采取“生命”的形式。[2]最终使这些思维方式难以构成一个全新的历史时期或者时刻的东西，是那种坚持在它们内部把“理解”作为不断进行

的、难以避免的对日常生活和物质世界的思考。

当然，从时代错位上考虑，黑格尔可以称为一个现代思想家[3]，他认为一种全新的理性的（和政治的）实践标志着他自己时代的特点（不论人们以法国大革命或康德作为开始还是以路德和宗教改革运动作为开始）。但并不十分清楚的是，对黑格尔而言，新的后革命时期和拥护宪政的居民是否得到了真正辩证的启蒙。这一判断与对他的哲学的地位的判断密切相关：是否它真的
3 是普适性的和通俗的，还是只有幸运的少数可以理解的某种深奥的学说？我认为，黑格尔对哲学地位的判断的转折点在于他最初在纽伦堡“体育馆”的教学，当时他惊愕地发现，他的学生竟然觉得《现象学》不是一本令人满意的入门书，于是他得出结论，哲学实际上不可能像他曾经想象的那样成为高中课程的组成部分（意味深长的是，这种幻灭与拿破仑的失败巧合，一种新的反革命的霸权统治了欧洲）。[4]

然而，关于绝对精神那一章，难道不是标志着一种不同的历史的开始？就是说，在整个居民当中，这里或那里出现了一种新型的人——即使不是尼采的那种超人，至少也是科耶夫所称的智者，科耶夫甚至把这种人等同于柏拉图的哲学家王。[5]拿破仑在世界舞台上的短暂出现为科耶夫的解释增添了历史的分量和兴趣。不过，并不能说黑格尔关于“世界—历史—个体”的概念强化了科耶夫的拟人论（anthropomorphism），因为“理性或历史方法”的真实思想是贬低个体的“伟人”，证明他在历史发展的手里只是一个小卒或一个工具。科耶夫这里的看法与文学分析和传统寓言里的拟人化的诱惑相似，肯定与当代的理论格格不入，因为后者急于使主体非中心化，对个体化的人进行集体的或结构的分析。实际上，在《现象学》的最后一章里，没有任何东西表明黑格尔与科耶夫在这里赋予他的智者的观点相近。

但是，在系统评论《现象学》的各个阶段并说明它们“对我们”是真理发现的一章里，绝对精神肯定可以被看作一种方法，4 以及我们可以获得的洞察，而这种洞察的获得必须依靠最后达到的关于主体和客体最终统一的“思辨的”信念。然而，方法的概念本身拉平了各章之间的差别，掩盖了《现象学》当中激发思考的异质性。通过与真正通俗的、工具性的方法概念相联系，辩证法并没有得到提升，而且我们很容易抵制这种联系的诱惑，尽管通过无所不在的理解或那种具体化的思考肯定会强化这种诱惑，因为“方法”是如此明确的一个实例。

我们可以对当代或后现代公众证明更相似的东西，其实是对马克思的“普遍理性”的援用（“普遍理性”也是内格里和哈特的民众理论的基础）。[6]马克思的看法（见于《政治经济学批判大纲》）在广大公众中唤起一种历史上的新的普遍的文化观，最突出地表现为在全体居民中逐步普及科学知识（和技术知识），这一转变也可以说是以更普遍的城市思想取代农民（或封建）思想（根据事后认识也可以理解为文化和大众文化的基本后果）。无论如何，这样一种意识和思想（即黑格尔所说的“精神”）的社会转变的前提，决不是与黑格尔这里的叙事毫不相容；在以玩世不恭和我所称的平民化为特征的后现代性里，它加强了对黑格尔著作的更新的诉求，复活了对它的兴趣。

无论如何，我们必须把“绝对精神”读作一种征象，而不是读作一种预言，因此必须使《现象学》摆脱过时的目的论的陈旧阅读方式。实际上，接下来我将论证这一著作的“阶梯形式”，即随便人们怎么想都是开放的结尾。若不如此，怎么解释今天仍 5 然存在的左派黑格尔（例如科耶夫）和右派黑格尔（福山和美国资本主义的胜利）之间的那种对立？而在黑格尔去世不久，在对他的体系的争论里就已经明显地出现了那种对立。

【注释】

［1］传说黑格尔的《成长小说》在形式上的范式是马里沃（Marivaux，1688—1763）于1731—1745年写的《马里安的一生》（*La Vie de Marianne*），见Jacques d'Hondt的“Hegel et Marivaux”，in *Europe*，vol. 44，December 1966，pp. 323－337。但是，在d'Hondt看来，其密切联系在于那些片段的次序，而不是马里安的真正自我意识的分裂。

［2］按照阿尔都塞的看法，列宁保留了黑格尔发展的第二阶段（“反映的决定论”），但抛弃了那个概念本身（在演绎和生命形式中）的唯心主义方面。见Louis Althusser，“Lenin before Hegel”，in *Lenin and Philosophy*，trans. Ben Brewster（New York：Monthly Review Press，1971），p. 113。我倾向于同意这种看法，但要以意识形态代替唯心主义。至于生活，尽管黑格尔的看法赞同达尔文的观点，但可能过于是形而上学的和认识论的（主客体的最高形式的统一），今天的我们不会有多大兴趣。不过，对于那种生命论的萌芽阶段，我们仍然得益于黑格尔，那种生命论是一个有力的潮流，它从尼采和托尔斯泰经D. H. 劳伦斯一直延续到德勒兹，在当代的思想中成为一种非常具有活力的世界观（亦即意识形态）。

［3］我想这是罗伯特·皮品（Robert Pippin）在*Modernism as a Philosophical Problem*（Oxford：Blackwell，1991）里表达的观点，亦可参见后面相关部分。

［4］Terry Pinkard，*Hegel*：*A Biography*（Cambridge：Cambridge University Press，2000），p. 323.

［5］Alexandre Kojève，*Introduction à la Lecture de Hegel*（Paris：Gallimard，1947）. 更多的对这部作品的参考以*ILH*表示。意味深长的是，Allan Bloom颇为有用的英文缩写本删除了1936—1937年重要的政治讨论（pp. 113—157）。

［6］Karl Marx，*Grundrisse*（London：Penguin，1973），p. 706. 对当代意大利激进主义来说，关于这种思想的财富可参见“Paolo Virno，General Intellect”，in *Historical Materialism*，vol. 15 num. 3，2007，pp. 3－8。

第 2 章　组织问题

实际上，假如仍然需要对《精神现象学》提出另一种阅读，一种要求不同于看似无数的对这部作品的研究——因为非常广泛的著作只是部分地表达了这部作品的意义——那么这不仅仅与比较晚近的重新发现和对这部作品的兴趣重新燃起相关。[1]对于出现这种现象，黑格尔本人后来对自己的事业有一种混杂的感情，他详细阐述了那种“黑格尔主义”，而作为一个哲学体系，“黑格尔主义”一直到 1930 年代都是他名字的同义词。他自己的意思是，正如他任教时的出版物所表明的，这是一种教学工作；当他在纽伦堡体育馆的努力被证明是一次令人沮丧的失败时（如我已经谈到的那样），他不仅放弃了在中学教哲学的承诺，而且还开始计划新的更系统的工作——最著名的是三卷本的《哲学全书》——结果使《现象学》的地位长期受到怀疑，对他自己和他的追随者都是如此：它是对哲学的介绍或入门？但它的导言否认了这种可能；那么，它实际是那种哲学的一个构成部分？但那种哲学的各个方面——逻辑、美学、政治哲学、科学——似乎没有为它留有任何地位。 6

这种不确定性颇受欢迎，因为它们打开了文本多种解释的可能，而这些可能的解释无法在哲学上得到解决。但比这更明显地召唤再解读和再解释的东西，却是这本书里出现的多种主题，它们在过去一个世纪里似乎总是相关的主题，尽管历史境遇发生了根本性的变化，或者也许是因为这些变化，但在变化了的历史境遇里它们总是作为问题不断地重现，其中最著名的是主人/奴隶 7

的辩证和臭名远扬的“历史的终结”（但不幸的意识和“美好的精神”在很大程度上仍然还与我们同在，同时还有许多其他的重要的概念，这些我想在下面说明）。

然而，今天使这些文本的要素重新唤起我们兴趣的东西，不仅是它们的内容，更是它们的形式，因为这本书的异质性，使它们当中任何一个都不可能完全等同于哲学思想和哲学话语的某个同质性的方面。它们一直未能转变成纯粹的或连贯一致的哲学观点，未能转变成可以统一的观念或概念，也未能转变成物化的表征，使我们可以说它们代表着黑格尔的真正思想或对这事那事的“观点”。这种情况与他颇受欣赏的著作的晦涩也无关（所谓晦涩是指那些为我们记载下来的相对清晰的演讲而言），黑格尔的句子习惯显然会使我们滞留在这里；但正是根据他的辩证习惯这些不确定性才经常被加以重演；而我们必须非常警惕我们召唤这种神秘统一的方式，特别要警惕把它转换为那些纯粹的哲学概念之一（例如“对立统一”），因为辩证本身会形成存在，阻碍或中断、取代或解构那些概念，但也会使它们运作。幸运的是，《现象学》本身在这方面远比后来的著作更加警惕，它非常困难的根源决不仅仅是它不想申明“辩证”一词，也不仅仅是不想赋予它一个名称或一种方法的深度或实质，而是它想既不表明立场同时又要阐述它们那种复杂的基础工作。

8 这种关于《现象学》哲学地位的多种不确定性，与关于形式或组织问题的同样的多种含混性互相匹配。例如，人们注意到，尤其是在胜利的拿破仑时期该书首版以来，在前面论意识的章节和后面大部分章节之间有一个断裂和划分，即使不说是对立——职业哲学家倾向于把后面的章节说成是社会学的（因为它们不只是论述那些可以被设想为“观念历史”的东西）。可以认为，黑格尔自己有意掩饰这种章节的转换，因为他引进了一系列使这一问题复杂化的叠加的对立。于是，关于意识的章节与自我意识的部分形成对立，随后又与关于理性的部分对立，这些以一个数字标识（即 C）完成了关于意识的三位一体的论述，但（同时）以另一个标识（即 AA）似乎又使它本身反对“精神”（der Geist，BB），而它本身之后又接着 CC（宗教）和 DD（绝对精神），仿佛这四个范畴现在形成了另一种不同的系列。

可以肯定，大篇幅的、实际上自足的关于宗教的讨论使问题变得复杂，相关情况我会在后面讨论（而绝对精神只不过是我们刚刚读的这本书的概括）。无论如何，同样清楚的是，理性一节（“论理性”）至少部分地回归到纯粹的哲学分类，因为它是对称作认识论的那个哲学分节的铺垫，而它前面论自我意识的一节（其中包含著名的主人/奴隶那段）作为政治哲学似乎预示了社会学/观念史的范畴（更明显地进入这个范畴的还有与之相伴的斯多葛主义、怀疑主义和不幸的意识）。

前三章看上去相对地自成一体，它们寻求某种可以辨识的、更专门的哲学论点，从纯粹的身体感受（此时此刻）到最初发现科学规律，用以作为支持并超越感官经验的抽象。非常突出的 9
是，第一章用语言暗中破坏了看似直接的感觉；第二章论述如何把感觉的世界重新组织成对客体的感性认识，客体具有容器的功能，可以容纳它们的各种特征；第三章继续推进，最后达到某种最终的重构，在这种重构中，身体对世界的经验由于它背后看不见的、抽象的、科学的规律而变得无关紧要（黑格尔把它突出地说成是一个在这个世界之外或之后“颠倒的世界”）。

然而，毋庸置疑，整个划分标志着一种内容的转变，每一组都形成一套独特的评论。最初的哲学章节被认为是黑格尔对康德留给德国年轻一代哲学家的问题的解决，其目的是从康德的纯粹认识论转向得到大力支持的形而上学或本体论，以费希特作为开始。这些问题主要围绕着主体和客体之间的对立以及它们的关系，康德以一种暂时丢开的方式留下了那些问题（我们知道我们对事物的认识，但不知道“事物本身”）。费希特通过肯定客体实际由主体产生，他从这种方法论的停滞中脱颖而出；接着出现了席勒，他大胆地、广泛地探讨他所说的自然的哲学。

那么，是否我们仍然要说黑格尔在他的讨论中重申了主体本身？他的纲领性的阐述，不论主体还是体系，似乎确认了这种特征，同时，对于黑格尔与斯宾诺莎的关系以及所谓后者高于他的所有当代那些摇摆不定的论点，他的阐述也打开了大门（这立刻会引出时间性的问题以及相关的辩证问题，而这两个问题斯宾诺莎可能都没有触及）。[2]

但更恰当的说法是黑格尔扬弃了主体和客体的困境，因为他
10 提出了一种新的思维方式，称之为思辨，思辨预设了它们的同一性，后来又使整个庞大的黑格尔体系得到展开。与亚里士多德相比，黑格尔体系中的多种子项目并未减少，就此而言，黑格尔是伟大的典范和大师。

关于这些技术哲学争论的当代讨论和评论，我的奇怪的印象是，战后德国丰富的学术传统，从狄特尔·海因利希（Dieter Henrich）以降，倾向于回到谢林的主张，在不再是三巨头的情况下，甚至产生出第四个伙伴，即诗人弗雷德里希·荷尔德林，他早期的著作被认为预先肯定了主体和客体的统一，因此黑格尔艰难地攀登思辨之路没有必要。[3]

与此同时，引人注目的美国哲学以罗伯特·皮品的著作为中心不断扩展，并把整个复杂的技术哲学问题及解决办法称之为“后康德式”的。美国哲学界一度想维护唯心主义旧标签的尊严，结果在战后弄得声名狼藉。在当前柏格森的复兴当中，这一动向也有些道理，尽管它那些关于意识和意识为哲学设定限制的观点

与德勒兹和实质主义的理论阐述并无多少共同之处。[4]

皮品教导我们以尊重严密的哲学论证的态度重读黑格尔的论述，尽管他通过谦逊地贬低黑格尔的辩证主张的内容做到了这点，但黑格尔的辩证主张显然是使他的追随者感兴趣的所在，他们当中许多人对这种谦逊的罗蒂式的实用主义的新体现并不完全满意。

这种挽救活动虽然使黑格尔可以得到尊重，并使他重新进入职业哲学家的行列，但却产生出一种基本的辩证法事先就可能已 11
经预见到的后果，就是说——作为对哲学章节的严密性的重新肯定的结果——非哲学的（或者说“社会学的”）章节松散而不严密，给人的印象是一般化的“文化批判”。美国人试图阻止这种不幸的发展，他们把黑格尔作为一个现代性的哲学家与当代相联系；由于现代性使我们注意拿破仑和后革命时期社会更直接的文化问题，所以他们的努力还是值得称赞的。但是，这并不能持久阻止下滑的情况；当“现代性”逐渐被赋予所有那些熟悉的尼采和存在主义的特征时——上帝死了，价值观终结，异化，等等——黑格尔作为思想家的创造性也就逐渐消失（同时消失的还有他与后现代时期的联系，因为这些“问题”对后现代不再是任何问题）。

这就是为什么对《现象学》第二部分（或社会学）的章节最有用和最丰富的评论，恰恰是那些从政治的、事实上是从马克思主义的观点阐发的评论，其中甚至被称作文化或文化的情形也被大大地修改了。当然，这种评论的源泉是亚历山大·科耶夫 1930 年代一系列的经典演讲，这些演讲至今仍令人深思，但对它们我想现在可以提出一些新的问题。

为了理解组织结构的错误线路，暂时我只想勾勒一个粗略的整体框架，因为组织结构关系到这些各不相同的哲学和政治传统的出现。在我看来，如果我们遵循黑格尔自己绝对的“精神”定义，事物就会处于适当的地位，而黑格尔把精神定义为“一个民族的伦理生活，因为这是最接近的真理——个体即是一个世界”[5]。

12 在这种基本上把精神等同于集体性当中，我遵循阿多诺在他第一篇论黑格尔的文章里的思想发展，这篇文章在完全出人意料地突出1844年手稿时的马克思的地方达到高潮。然而，这个高潮也是个非常典型的时刻，由此开始了我们的下行路，走向黑格尔唯心主义里一切意识形态的东西。尤其突出的是，每当阿多诺把精神的内容等同于社会时，他突然又收回了这种认同，至少文章中的术语连接上是如此：

> 相应地，把精神解释为社会，似乎……与黑格尔的哲学意义是不相容的，除非因为它没有满足内在批评的知觉对象，并试图根据外在的东西理解黑格尔哲学的真理内容。在黑格尔哲学的框架内部，他的哲学所产生的外在的东西是有条件的或假定的。当然，对黑格尔的直率的批判表明，他在那种归纳中是不成功的。“存在”的语言表达必然是概念的，它与它所表示的东西相混淆，因为它所表示的是非概念性的，无法融合为同一性。[6]

然而，精神就是集体，但我们决不能那样称呼它，由于语言
13 的物化，由于哲学术语或名字本身的肯定性，以及它们明确地恢复经验的、常识的意识形态，所以辩证法的真正使命是它首先要破坏。为社会命名就是要把它转变成某种事物或某种经验的实体，恰如面对唯心主义的主观主义要强调客观性就是要重新确立旧的主体和客体的对立，而这种对立很久以来就已经被消除。因

此，一种类似的、深刻的阿多诺式的运动可以在他的下一步阐述中看到（我也跟着他走）。

但是，正如在黑格尔的著作中常见的那样，“直接”这个术语实际上是一个信号，黑格尔的整个哲学著作刻意地拒绝了所有可能的直接性的概念。因此他继续写道：

> 它［精神］必须向直接事物的意识推进，必须把伦理生活之美留在后边，并通过一系列的形态达到对它自己的认识。但是，这些发展不同于先前的发展，因为它们是真正的精神，是在这个词的严格意义上的实际存在［整段话是米勒对原文真实的意译］，它们不是纯粹意识的形态，而是世界的形态。(326/265)

通过坚持关于精神的原则，我们可以消除黑格尔讨论中的含混性，也就是说，无论精神在什么地方出现，它们都与心灵无关，甚至与意识本身无关（其哲学问题在黑格尔的组织结构中已经被明显地区别开来）。我要更进一步说，在通常使用“精神”一词的广泛意义上，精神并不意味着任何文化的东西（但关于精神的那种意义我会在后面再谈；这个问题对我的解读非常重要）。换句话说，我们必须坚持相信，在黑格尔的作品里，“精神”一词总是表示集体性，“集体性”是我用的第二个词，它比“社会”一词更加中性，并且直接提出实际的和历史的问题。当我们这么做时，我相信我们会发现许多伪问题都会消失，于是，在精神章节之外独特地观察理性，在看似对它们的抵制里，可以通过前提 14
加以解释，因为对黑格尔的科学研究——这里是理性的范式——而言，前提是个体的追求，而不是（或者还不是）社会发展中这个或那个历史时刻的性质的标志。

实际上，理性在这里明显与经验主义是一致的（144/184），大量忘记的修辞（“在失去它的真理的重要性之后，在消除它的实在性的事实本身也被消除之后”［140/179］）强调它自己必然忘记它本身是不幸的意识的进化（“它背后有这条道路，但却忘记了它”［141/180］）。被忘记的东西实质上是他者，是他者的打击所产生或揭示出来的自我意识的结构；因此它发现的范畴（它确认意识和非我的统一），它“对一切皆真实的肯定”（142/181），只留下奇怪的抽象和单向度，还不可能算是真正的个体性，因为它仍然被无意识地封锁在个体科学家或观察家的头脑里，即这种抽象理性的个体实践者的头脑里。因此，这里理性的时刻还不是对精神的发现，而是对形成的理解的发现（142，144/182，184）——本质上是空间的、非内省的意识模式。

沿着自我意识的章节，直到所说的“精神”出现，我们穿过了一种似乎是异质性的主题的混合，它们包括关于哲学历史和自然科学出现的章节，简要地对激情的探索（享乐主义、浪漫主义和 18 世纪的德行），以及现代或世俗个体性的形成。这些主题以各不相同的方式，都为题名“精神”的那部分更容易承认的历史性的章节奠定了基础。我在这里把“精神”翻译成社会的集体性。开始两章（“自我意识”）设置了存在主义的某种发展，包括关于主人和奴隶之间斗争的著名一节，以及在罗马帝国废墟上提出的各种存在主义—形而上学的选择：斯多葛主义、怀疑主义和基督教（不幸的意识）。接下来或者说过渡性的题名“理性”
15 的几章（提出了它与自我意识和精神两方面之间可能的区分的重要问题）论述科学（分类学、心理学和似乎是神经系统的唯物主义）、力比多和工作。

这些是认识论的、心理学的和马克思主义的前提，不仅是对个体主义和现代性，而且首先是对在围绕精神组织的章节中充分展现的历史的前提。为了后面的讨论，我把论精神的章节读作《现象学》的结论（其高潮在于革命和康德的道德之间的对立），并把长篇论述宗教的一章和论绝对精神的相对粗糙的一章读作这种或那种文本的补充。

同样的说明可以附带地用于宗教，宗教在自我意识里（“不幸的意识”）、在精神里（“信念和纯粹的‘洞察力’”）以及最后在整个庞大的专门论宗教的分节（CC）里重现，若非这么说明很可能相当混乱。这些转折有些像一个螺旋沿一条直线行进，其环线与直线不断交叉，因此最好根据相似的音乐主题和变体来理解它们，这我们在后面会看到。无论如何，非常清楚的是，在这些宗教讨论中，第一个提到的是分离出某种个体意识的经验，第二个提到的是某个历史时刻的社会运动，第三个是整个社会结构本身。

“精神”的章节现在展现为可以认识的线性的历史顺序，但正如我已经指出的，它忽略了最黑暗的中世纪（可能的原因是已经讨论过基督教）。于是，我们直接从城邦和它的变迁（安提戈涅）——伦理秩序——到早期的现代，到源于封建主义的绝对的君主政体的出现，现在这被意味深长地定名为文化，从而为讨论我们现在称之为 18 世纪启蒙运动中的公共领域铺平道路，因为它努力辩证地反对现在已经堕落到“信仰”地位的宗教或基督教。随后是法国大革命和恐怖，我认为接下来论康德的道德的章 16
节同时是对它的修饰，在我们看来，对它的阅读不是作为科耶夫的历史的终结，而是作为当下悬置的一步，对我们和黑格尔都是如此。

因此，人们很容易把精神的集体感与前面章节中的个体观对立起来，但这等于预设了在集体存在之外能有一致的个体观点，而个体总是在集体存在中找到自身。在某种存在主义的意义上，关于感知—观察的辩证，什么东西可能成为个体的？诚然，那种辩证确实包含某些常识的、经验主义的意识形态，个体观也对它进行解构；但是，人们很难保持个体的感知活动和它们的客体吸收个体存在的总体性（至少现代主义在艺术里出现之前不可能这么做）。前三章是真正技术性的，因为它们分离出专门化的问题，论及这种或那种个体存在的特征，而且如后来关于精神或宗教那样，并不是它的整体，但这正是为什么这些章节——尽管它们只是一些“方面”（就该词的特定意义而言，德文里的中性名词“Moment”表示某个方面，而不像阳性名词那样表示一个时间现象）——表示生活的层次，而这些层次总是与我们同在，它们的真正错误或者平庸的陈规通过各种历史“形态”也得到持续。感知—观察总是伴随着我们，同样，主人和奴隶的辩证也以更富历史意义的方式伴随着我们，在后面那些论城邦、绝对论或革命的民主的章节里，没有任何东西可以排除这种辩证的存在。毫无疑问，对“观察的理性”，对科学研究的实践，包括对自然和对内部及外部世界的研究，以及对激情、各种伦理和宗教的焦虑，同样可以说不可能排除这种辩证。（这里可以推测“后康德”学派的另一个弱点，其情况是把理性一章里更激情的或者伦理的素材归之为“社会学”，从而含蓄地把它作为无价值的技术哲学论述而取消。）

按照这种观点，把《现象学》看作一种“成长小说”就不是（不再是）一个好的想法。成长小说是一种形式，它以真正的启
17 蒙精神，讲述一个不成熟的主体发展到成熟状态的故事，非常符合康德的原始意思：通过内心调整和外部经验相结合的效果而产生出某种“塑造”或“教育”的结果。成熟的观念——独立、责任感、自我管理，等等——肯定是最有影响的方式之一，黑格尔和他的同代人以这种方式把资产阶级革命概念化了（就资产阶级

革命而言，现代性的概念无论如何都是不恰当的用语，一个与时代不符的说法），实际上把它作为一个基本的历史断裂，至少作为自宗教改革运动以来的主要事件；他把论革命的一章（“绝对的自由和恐怖”）与下面论道德的一章并置清楚地表明，他认为康德的伦理学对后革命的世界做出了关键的贡献，既是深刻变化的标志，也是对变化带来的新问题的理论阐述和解决的尝试。但我觉得不清楚的是，这种特殊的历史停滞被赋予了某种新的中心的、实现了的主体性的幻象（以那种方式解读绝对精神就会使黑格尔回到他多年被嘲讽的漫画形象）。

甚至更令人不满的是试图使这种对主体的看法（尽管不成熟并仍在接受教育）倒回该书开始的章节，正如我们已经看到的，那些章节至多提出了意识问题的某些方面，并没有提出任何统一的主体性。因此，很容易根据分裂的主体性、多种主体立场、部分的客体和半自发的动机等等来考虑前面那些章节；但是，那样做肯定更加不合时宜，毫无有说服力的证据。假如需要的是某种叙事的连续性——以及关于读者和关于作者计划的同样欲望和伴随欲望的焦虑——那么按照黑格尔的看法，这些章节至多是受到哲学历史顺序的遮蔽。在那种情况下，它们只计划了局部的顺序，很少受年代顺序规则的约束，但这无论如何大部分都符合尽人皆知的幻觉和日常生活的意识形态。因此，开始一章论“感觉的确定性”假定了这样一个世界，在这个世界里，我们在我们周围看见和接触的事物构成现实本身，它们无须证明就值得我们信任。

与此同时，一种更具综合性的幻觉通过这些最初的章节逐渐展开，仿佛它是特殊的思想才能，我们必须把它称为“理解”， 18
这就是我们今天可能称为常识的东西：具体化的思考，对外部的思考，对空间和客体的一般思考，最终是被数学方式抽象和加工过的一种思维。两本《逻辑学》对这种“才能”进行了最彻底的去神秘化，而我们倾向于把这种“才能”不加区别地、不适当地应用于所有其他类型的现象，例如思想和概念、感情、历史、与他人的关系，等等。我把它称作才能（从康德继承来的看法），因为虽然它会逐渐被各种不同的思想纠正，但非常明显的是，在它被看作一个物质的世界里，它必定仍是我们日常生活的概念的混合。在典型的辩证方式里，它是一个错误，可是如果抛弃这个错误却是灾难，因此只能对它进行否定，就是说，它会继续在适合它的层面上存在，但现在会与一些不同的观念力量进行协调。

在进一步具体讨论这些之前，我们需要考虑一个方法论的问题，并需要阻止黑格尔讨论中最臭名昭著的、多年形成的陈旧模式之一，即论点—对立—综合的公式。当然，在黑格尔的著作里有大量的三段式组合，以三位一体开始（或以它结束?）。同样肯定的是，黑格尔自己也共谋传播这种公式，至少对它的庸俗化负有部分责任。这种公式无疑是一种有用的教学方法，也是一种方便的阐述框架，因此在黑格尔的思想转变为一种系统的哲学——如果你愿意也可以说是黑格尔主义——的过程中，它被用来发挥其作用，在当前的论文里，我们会有机会不断坚持这种作用。因为即使三部分组成的节奏适合黑格尔这种或那种局部的洞察，它仍然会使那种洞察提前具体化，并把它的语言转变成纯系统的术语。（实际上，对当代哲学来说，恰恰是这种顺序可以看作目的论的，因此今天——或许从弗洛伊德以降——我们倾向于颠倒这
19 个顺序，并肯定正是对立首先产生出论点，从而生成综合的意识形态幻觉。由此可以看出，新的因果观会按照旧的因果观进行同样的运作。）同时，三段式的公式被认为会误导读者并造成读者的混乱，因为读者会力求以一系列的三段式加工这种素材，例如，在论绝对主义世俗文化的一章里，某些事物根本不可能在结

构上更复杂的运作中完成；在大《逻辑学》结尾那段著名的段落里，黑格尔自己令人惊讶地进行了反驳，他竟然使“三部分”变成了“四部分”。[7]

然而，三部分组合的诱惑并非是无源之物，也不是与任何事物无关。实际上，可以认为它是对黑格尔远为更连贯一致的人类时间观所做的相对粗糙的整理，而这种时间观既支配着个人的成长（教育），也支配着历史本身的发展。这是巨大的内在化和外在化的节奏，其中黑格尔既有与马克思的一致，又有使他自己明显与马克思主义的区别。黑格尔关于这个过程所用的不同词语——放弃，异化——所有这些都符合“异化”一词的真实意思——打开了那个概念的空间，在这个空间里，马克思本人采用生产过程的收缩和扩张，寻求区分异化和客观化或外在化，为正确的马克思主义历史观奠定基础。然而，我们仍会看到，黑格尔的工作或活动的概念是那种节奏的源泉，按照这种节奏我们使自己客观化，然后在更高层面上使客观效果重新内在化，因而黑格尔的概念具有深刻的辩证，马克思主义几乎没有对其进行修改。我们将会看到，今天这是一个对我们更有用的概念，因为它假定的扩张的节奏比先前时期更有助于把当代的空间性概念化。最后，它还是黑格尔最重要和最连贯一致的语言修辞的源泉，特别是那种“返回”自我或意识的语言，它是一种对理解黑格尔的文 20
本非常重要的转义，比标准的三重组合的语言更加重要，三重组合中的最后一个“综合”预设了这一发展中与黑格尔的思想完全不一致的一种转变；由于假定外在化和内在化中的某种成功或进步，但却几乎没有正确对待黑格尔对失败和矛盾的更深刻的评价，结果使辩证的历史发展变成了一种平庸的、拔高的、必然进步的传奇。[8]

不过，三重组合的结构自身有不同的起源，它应该处于黑格尔文本积习已久的修辞之中，即力求把思维及其时间性纳入那种双重的事物、符合逻辑的陈述（句子）——同时是判断的句子，在演绎推理中达到它的最有力和最独特的形式。[9]黑格尔这种对逻辑的迷恋在1812—1816年的大《逻辑学》里取得了丰硕成果，在那本著作里，通过振聋发聩的、完全出乎意料的再现，亚里士多德的逻辑大纲中整个沉重的学术阐述奇妙地被翻译和转变成了真正的辩证范畴。在《现象学》里，我们只是感到这一重大计划最初的激动，而且最好把它们本身看作修辞而不是思想。因此我们说，这里的演绎推理只不过在其他事物当中澄清了黑格尔注意收集的特殊化的时间节奏：逻辑修辞是一种方便的描述和记录这种时刻的方式，其优越性在于这种特殊的修辞还是自动指涉的，而具体的内容——主语、谓语、肯定、否定——还具有解释我们在这里所发现的东西的作用。（直到《逻辑学》的第三和最后的
21 “思辨”部分，演绎推理才作为生活本身的体现而突然出现。）但是这里，在这个较低的层面上，最好把逻辑的插曲仍然更多地看作图像思维（米勒对“Vorstellung”的恰当翻译）。

于是，在我们形成的逻辑观里，注意力和对它的思考在自身的影响下转变方向：逻辑的主体有一个被肯定的属性，现在由于它与那个特定的属性一致，所以失去了它的优先性；而现在变成实质的属性，则转换到事物的中心，先前的主体现在完全变成了先前那个属性的属性。人们会记得，年轻的马克思把这整个过程看作黑格尔深刻的唯心主义的真正范式，它在把真实事物转变成抽象的同时也把抽象转变成事物。[10]用有些不同的方式说明这一可疑过程的是它的非静止性（黑格尔最喜欢用的词之一），非静止性不允许任何发展停下来处于稳定的地方或成为稳定的存在。事实上，正如阿多诺论证的，当怀疑之时，黑格尔（尽力把内容恢复为费希特和谢林的主观主义）总是倾向于赞同“客体的优

势”。因此，在典型的微观叙事里，他传递陈述中先前“主体”的某种挫折，主体

> 在属性中仍然发现它认为它已经完成并脱离的东西，而且希望由此返回它自身；并非在展开论证时它能够作为决定的力量发生作用，反复论证是否添加这种或那种属性，相反，它实际上仍然关注内容本身，必须保持与内容的联系，而不是关注自身的存在。(58—59/37—38)

可是，出乎意料的是，不仅“判断或建议的整个性质……因思辨的命题而遭到破坏”，而且整个修辞也被一种新的、音乐的修辞取而代之：“这种命题的一般形式与破坏它的概念统一性之间的冲突，类似于在节奏中出现的格律和音调之间的冲突”(59/ 22
38)。这一说明足以警示我们，不可把黑格尔的思想等同于他用以描述其思想的任何修辞。

诚然，如果预先正确地标明修辞，那么它们当中有些可能有助于析出这个或那个重要的特征，例如，三重组合的公式通过它的前两项可以表示所有重要的对立统一，但条件是我们放弃对综合的不断追求。同时，三段论的演绎形式也是有用的，但我们不是把注意力集中于它的效果或结论，而是集中于主体和客体共有的“中间项”——一种荷尔德林式的原始统一，我们将会看到，另外两项都从中形成，在逻辑过程的最后它们都力图回归这种统一。但是，甚至这些例子也暗示着另一种教训，即需要强调开放的黑格尔，而不是传统的封闭体系，然而大量无根据的对绝对精神、对总体性或者对黑格尔那种被称为目的论的历史哲学的担心，都投射出封闭的体系。

事实上，“中间项”的原则表明了一个非常不同的黑格尔，

他可以用作对传统上的黑格尔的一种修正，这是一个由阿兰·巴迪厄（Alain Badiou）提出的毛主义的黑格尔，其中形而上学的精神是扩展的而不是向心的或循环的。这里主要的辩证活动被看作一分为二，在精神方面明显不同于那些强调（例如）意识回归自身的修辞（350—351，425）。[11]后面我们还会再谈这一新的无限分割的对等模式（在黑格尔的政治思想里可以找到关于这种模式的清晰阐述）。

暂时推断出这些初步的看法也就够了，因为我们相信，随后
23 我们必须把黑格尔文本中的政治事件与呈现它们的条件和修辞区分开来。但这事说着容易做着难，因为它包含着矛盾的假设，即基本问题可以从非再现方面陈述，仿佛我们所称的“再现”是对可以公正地或客观地呈现的东西的纯装饰性的附属品。因此，就这点而言，在黑格尔自己觉得以满意的阐述对它表达之前，每一种传递他的原始思想的努力反过来又回到再现的困境，处于一种永无休止的不对称的螺旋之中。

但这种困境也许可以更好地用另一种修辞来表达，前面我们已经涉及这点。这就是主题和变奏的音乐现象，而且绝非偶然的是，这种音乐修辞的大师恰恰是黑格尔的同代人。事实上，甚至最终的情况是，贝多芬本人（和整个早期的维也纳派）为确立他们的“古典风格”所做的让步，与黑格尔自己的问题和解决方法也有某些相似。这里是阿多诺关于贝多芬的主题和变奏的实践的论述，实际上也是关于它在整个这一阶段音乐史上的中心地位的论述：

> 发展使人想起变奏的过程。在贝多芬之前的音乐里——很少例外——变奏的过程被认为更多属于表面的技巧变化过程，只是为主题的素材贴上面具，而主题的素材另外保持着本质的同一性。现在，在与发展的联系中，变奏有助于确立

> 普遍的、具体的、非程式性的关系。变奏的过程神奇般地充满了新获得的动态的性质。在变奏当中，就发展到此刻来看，主题素材的同一性仍然非常牢固——勋伯格把这种素材称作典范。全都是“同样的东西”。但这种同一性的意思表明它自身并非同一性。主题素材的性质是，要想保持它就等于改变它。实际上无论如何它“本身”并不存在，只存在于对整体可能性的观察之中。对主题要求的忠实表明，在所有它的给定时刻不断地干预它的改变。由于这种同一性中的非 24
> 同一性，音乐获得了一种全新的与时间的关系，在这种时间关系中产生出特定的作品。音乐不再与时间无关，因为它不再根据在时间中的重复而是根据在时间中的变化发生作用。但是音乐不单是屈从于时间，因为它在不断变化中保持着它的主题的同一性。音乐中的古典概念通过这种自相矛盾的与时间的关系来限定。[12]

阿多诺的讨论并不是偶然嵌入他的论勋伯格的文章的，它在文章里表明，那种跨越局限的可能性已经在局限本身里得到预示。因为，正如阿多诺所暗示的，主题的概念本身是脆弱的、不稳定的，它在勋伯格手上（在阿多诺认为是音乐素材本身的客观逻辑的情况下）会坍塌。因为变奏过程中几乎无限的技巧本身（我们实际上常常以一种变奏开始，只是后来才发现主题，它采取官方的或“原始的”形式）最后会导向一种音乐的“起源的批判”，就是说，导向不断怀疑最初是否有原始主题这种东西。然而，如果主题本身也被认为是一种变奏，那么结果它就会以真正后现代的形式成为没有起源的变奏，宛如当前把仿真说成是没有原物的复制。因此我们在这里到了一个辩证的关键时刻，在这个时刻，差异通过逐渐扩展它对一切东西的支配，最终取消了同一性，仿佛是一种自杀式的消融，其中它自身也必须消失（因为差异首先必须以同一性为基础）。

主题和变奏的古典形式隐蔽地充斥着这种矛盾或这种致命的
内在倾向，因而它只能依靠对主题本身的稳定性和同一性的某种
原始的信念，临时或暂时地遏制它们。这是一个我们现在可能重
25 新转换成概念术语的困境，而物化这一术语似乎是表达某种语言
上相似的最佳方式。那种相信音乐里所说的主题的稳定性和实质
性的妥协的信念，在这里的哲学当中以发明和维护某种正确的语
言的幻想得到回应，就是说，发明和维护一系列关于哲学问题及
其假定的解决办法的名称。因此传统哲学家的体系事实上是由名
字的体系构成的，由特殊的术语构成的，首先与哲学家的名字相
联系（拉康教导我们，名字和主义是所谓的大学话语的真正标志
和征象[13]）。名字的稳定性，以及广泛采用和坚持它们的前景，
几乎是一种宗教式的普适性的幻想，其破坏性已经太广为人知
了，然而除了多元文化主义的“解释共同体”的改革—风格的多
元论，似乎没有任何其他的选择。

名字的问题是，由于深刻地嵌入历史，它们在一段时间之后以不同的速率显示出它们的寿命。有些体系会成为经典，仿佛不再腐朽；另外一些开始腐烂并散发出难以忍受的过去的臭气；还有一些发出档案和长期封闭的房屋的霉味儿。于是逐渐产生出某种新的哲学志向，不仅要发明某种正确名字的新的牢固的体系，而且要以某种方式避免时间的破坏，要发明一些方法防止这些历史语言体系的必然的、历史的物化（当然“物化”一词本身恰恰是另一个这种历史的名字）。那种可以称作名字及其变体的奇妙的运作，只是一种企图迅速运动以便避开致命的过程；另一种是玛格利特的方式（“这不是一只烟斗”），这种方式由于标出从开始以来的名字，它似乎已经以顺势疗法的方式保证了免受后来的

谴责。但是，所有这样的运作本身肯定就是其历史性的标志，像过去的时尚一样，注定要成为过去，不会有它们拼命追求的那种永恒的性质。

人们可能争论说，在黑格尔的实例里——一如贝多芬本 26
人——虽然历史性只能是现时的，但在主题或名字与音乐或哲学运作之间仍然有一定距离，它们在现时中可以被重写并产生某种有效的影响，尽管它们仍然只能是死的东西。如果这最后一个历史的名字不是像其他一切那样，也有等待它的自己的博物馆，那么人们可能很想把这种距离称作辩证法。

【注释】

[1] 看来，甚至在黑格尔在世时，《现象学》也因《逻辑学》而显得暗淡，而后来在柏林的写作和演讲是狄尔泰在 19 世纪晚期才恢复了它们的正当地位。

[2] 参见审慎的关于斯宾诺莎和黑格尔对立的观点，Pierre Macherey, *Hegel ou Spinoza*（Paris：Maspero，1979）。

[3] 我认为，这是狄特尔·海因利希论客观的主观主义的要点，见 "Hegel and Höderlin"，in *Hegel and Kontext*（Frankfurt：Suhrkamp，1971）；亦见 *Between Kant and Hegel*（Cambridge：Harvard University Press，2003）。

[4] 可参见 Gilles Deleuze，*Le Bergsonisme*（Paris：PUF，1966）。

[5] G. W. F. Hegel，*Werke*，vol. 3（Frankfurt：Suhrkamp，1971—1979），p. 326. 英文本是 *Phenomenology of Spirit*，trans. A. V. Miller（Oxford：Oxford University Press，1977），p. 265。除非另外注明，文中所有页码均指这部作品。所有参照页码前面的指德文版本，后面的指英文版本；如果只出现一个页码，那就指该文本所用语言的版本。

[6] Theodor Adorno，*Hegel*：*Three Studies*，trans. Shierry Weber Nicholsen（Cambridge：The MIT Press，1993），p. 19；*Drei Studien zu*

Hegel，in *Gesammelte Schriften*（Frankfurt：Suhrkamp，1997），5：266.

［7］见 Hegel，*Wissenschaft der Logik*，in *Werke*，vol. 6，p. 564；或者 *Hegel's Science of Logic*，trans. A. V. Miller（London：George Allen and Unwin，1969），p. 836。我对这一有意思的段落的注意得益于 Slavoj Žižek。

［8］"难道黑格尔的《精神现象学》没有一再告诉我们关于主体努力不断失败的那个相同的故事？主体努力在社会现实中实现他的计划，把他的想象强加于社会世界，但他总是失败——这是关于大写的'他者'或社会现实如何消解他的计划并把它颠倒的故事。" Slavoj Žižek，*The Ticklish Subject*（London：Verso，1999），p. 76.

［9］见 Günter Wohlfahrt，*Der Spekulative Satz*（Berlin：de Gruyter，1981）。

［10］Karl Marx，"Critique of Hegel's Doctrine of the State"，in *Early Writings*，trans. R. Livingstone and G. Benton（London：Penguin，1975）.

［11］见 Mao Tse-tung，"A Dialectical Approach to Inner-Party Unity"，*Selected Works of Mao Tse-tung*，vol. V（Peking：Foreign Language Press，1977），pp. 514－516；Guy Debord，*Society of the Spectacle*（Detroit：Black and Red，1983），chap. 3；Alain Badiou，*Théorie de sujet*（Paris：Seuil，1982），pp. 61－62，131，228－229；以及在 Bruno Bosteels 即将由杜克大学出版社（Duke University Press）出版的 *Badiou and Politics* 中相关的一章。亦见 Alenka Zupancic，*The Shortest Shadow*：*Nietzsche's Philosophy of the Two*（Cambridge：MIT，2003）。

［12］T. W. Adorno，*Philosophy of Modern Music*，trans. Anne Mitchell and Wesley Blomster（New York：Seabury Press，1973），pp. 55－56.

［13］Jacques Lacan，*Le séminaire*，*livre XVII*：*L'envres de la psychanalyse*（Paris：Éditions de Seuil，1991），pp. 79－119.

第3章　唯心主义

对于黑格尔概念运作的描述，最好以一种具体方法论的独特 27
性开始，因为这种独特性与该时期的历史术语“假定”（“setzen”，“to posit”）相联系。这个术语可能是费希特的一个发明，或者至少是他使这个术语广泛流行并突显出来，因为他自己的哲学体系反对原始的行为，即主体或“我”以某种方式在早期的“巨大冲击”的存在理论中“假定”“非我”的那种行为。但黑格尔对假定行为的广泛运用很少这么突出，它提供一种更好地理解辩证运作的方式，比习惯上与那个过程相联系的各种三重组合的变化更好。

根据预想描述假定的东西是颇为诱人的，因为假定总是发生在其他种种思想和其他种种行为和事件“之前”，而对已经假定的东西（正如一个成功的当代公式所言，“总是—已经”）的理解，常常被认为是分析和了解“最初”发生的东西的最可靠的途径。然而预想和假设似乎会把我们牢牢地固定于精神运作和思维本身，它们至多可以导致意识形态的批判，导致对偏见的揭露和谴责，但甚至在那种情况下，伽达默尔对这种“偏见”观念中的偏见
的谴责也是有用的[1]，因为它提醒我们，我们真正感兴趣的东西 28
不是考虑世界上的存在，而且，虽然思维中肯定会有错误和没有根据的预想，但更难想象那些东西会采取什么样的存在形式。

因此，最好不要根据原则、信念、预想和其他概念之类的东西来思考，而应该根据安排戏剧布景或电影道具的方式尽可能传递假定的独特性；在布景和道具安排中，许多东西被提前摆上舞

台，一些深层的东西得到推测，并细心地提供某种视觉的中心，援用视角的规则，以此强化达成的幻觉。即使在这个例子里对虚构性和可能的幻觉有非常强烈的暗示，它仍然有助于传达分析的性质，而这种分析对解释提前提供的场景效果是必不可少的：如布景是怎么安排在一起的，光线是什么样的，特殊的深层幻觉如何形成，如何照亮前景和背景，等等。

对于康德之后的哲学家来说，关于假定最著名的实例说明是前面提到的费希特的行为试图回应的那个实例，即康德的“本体”或自在之物*的概念。把现实分为对我们呈现的事物和不可知的自在的事物，一般被认为是一种调和，据此康德在保持客观现实的同时发展一种非常细致的、综合的结构分析，分析人的思想在必须加工那种难以达到的现实素材时所用的方式。但是，调和永远不会真正持久（即使这种调和也像它之前的亚里士多德主义一样，尽管复杂，也会变成西方常识中发生作用的意识形态）；康德的解决办法——被误解为另一种唯心主义——虽然是一种更复杂、更微妙的办法，但既不能使经验主义者/现实主义者满意，也不能使康德之后年轻一代的德国哲学家中根据他的特殊体系而形成的唯心主义者满意。一方面，人们觉得康德的解决办法本质上是一种分析，分析对不可知世界的纯粹的主观投射；另一方
29 面，其认为有某种存在的前提也有错误，由于我们不可能了解这种存在，因此我们一开始也就不可能有权肯定它的存在。

众所周知，对于康德为人类知识和哲学阐述设定的批判的合理限制，黑格尔的反应在于对限制本身范畴进行更仔细的探究，他指出，如果不以某种方式把我们自己置于限制之外，我们就不可能设定限制。这是一种破坏性的洞察，它既动摇《批判》，同

---

* 指离开意识而独立存在的不可知的自在之物。——译者注

时又消除它仔细论证的前哲学的（和反形而上学的）预防措施，康德之后黑格尔的同事已经对康德的批判强行取消形而上学的思考感到愤懑。可以推断，防洪的闸门已经开启。

但是，黑格尔对限制的分析表明了一种质疑本体论的形式策略，它似乎不提供任何特别具体的探讨问题本身的方式。因此这是那种假定论的作用，它将表明，康德的理论——现象和本体——如果被理解为一种特殊的假定的世界的方式，那么它看上去就会有些不同。在这一点上，它就不再是一个信念的问题，即根据信念接受客观现实的存在，接受本体的存在，接受世界独立于人类感知的存在。但是，它也不是步费希特的后尘，肯定客观现实——现在已经变成“非我”的本体——是通过“假定”（在这个词的形而上学的意义上）它的那种“我”的原始行为而形成存在的问题。

事实上，那种作为本体存在特征的超越，现在已经变成了某种类似思维范畴（以及限制本身）的东西。真正假定本体存在的是精神，在这种意义上，它对每一个现象的体验就包括某种伴随它的超越；在这种意义上，镜子有一层锡纸，或者墙有一个外表。本体存在并不是与现象分离的某种东西，而是它的本质的组成部分或包裹；正是在精神内部，外部或精神之外的现实才得以“假定”。诚然，对于这种更普遍的也是一种辩证的构成原则，精神的语言或思维的语言过于狭隘和专门化。对于这样一种原 30
则——或这样一种方法，如果你喜欢也可以说这样一种视角——更基本的问题不是客观现实是否存在，而是从什么样的有利地位可以看到假定本身的运作。当我们表明精神本身如何假定它的限制和超越它自己的限制时，难道我们不是以另一种方式处于精神之外？为了提升到这样一个新的水平，现在我们不是必须诉诸某种内省或自我意识的概念？而且，不正是内省的概念今天到处受到哲学的质疑？我认为就是如此，后面我们必须再回到这个争论不休的自我意识问题，现在我们不能讨论它，因为我们还不知道这种新的称之为假定的作用（以及对它的分析和证明）会把我们引向什么地方（可以肯定，它将使我们一路经过《现象学》）。

但是，现在我们也许至少可以探讨唯心主义的问题，把康德和费希特分别置于他们自己的地位并没有取消唯心主义，事实上黑格尔自己似乎也通过他的“客观唯心主义”的口号赞同唯心主义，他试图修正这个似乎不会说服任何人的循环。无论如何，黑格尔继续以相当积极的方式自始至终运用“唯心主义”一词。

例如他的富于争论的陈述：“这种限定的唯心性是哲学的首要箴言，因此每一种真正的哲学都是唯心主义。”[2]然而，这种“唯心性”的性质仍然有待于辨识。我们以理智的对待数字的方式作为开始：“现在，数字无疑是一种思想；如果我们认为感知意味着多种东西，并且互相排斥，那么它是最接近感知的思想，或者更确切地说，它是感知本身的思想”（*EL*，220/154）。这种
31 评论使唯心主义这个可怕的词更接近我们所称的理论，在这种意义上，数字不言而喻是整个理论的或构成的数字系统的组成部分，而不是它自身存在的某种幽灵似的基础，如像毕达哥拉斯或伽利略最初提出的更有计划性的观点。就此而言，唯心主义决不是一个本体论的命题，它是一个更接近认识论的命题。同时，黑格尔有意义的修正——数字是“最接近感知的思想”，即使不是后者的思想本身——会在很大程度上构成《现象学》最初的主题。《现象学》开篇论述所谓“感知的确定性”的一章展现出自相矛盾的论证，即我们根据自己感觉所理解的东西并不是某种纯粹的直接感觉的现实，而事实上是——说得粗率一些——完全与观念和想象混杂的东西。稍后我们再回到这种论证。

但是，它首先是为了提供一种对唯心主义的不同理解，不同

于通常认为它与精神主义相混淆时的东西，也不同于认为它包含这种或那种禁欲主义对身体的压制。诚然，它很可能强化最后这点，如像在柏拉图和某种程度上在黑格尔本人的作品里那样——反对哲学唯物主义的论点不知不觉地滑到某种对物质嫌恶的表达；但是，这两种立场很难一致，然而它们又不可分开，就像斯宾诺莎与身体本身的关系证明的那样。我们还可以援引贝克莱的唯心主义作例子，他告诉我们，那是明显改变了的唯心主义，旨在恢复被各种唯物主义削弱和压制的、在哲学上被遮蔽的感知的强度[3]，这种观点——今天在我们看来显得自相矛盾——也许会使我们对柏格森（甚至德勒兹）有新的理解。这里我还要告诫人们不要把黑格尔的专门术语“精神”等同于任何精神主义或者宗教哲学。因为没有任何理由把唯心主义与宗教相联系（我想反之亦然）。

唯心主义必须被理解为是对特殊的意识问题的一种特定的理论反应，实际上，在那种情况下，唯物主义首先会被理解为未能 32
提出那些问题（对贝克莱和黑格尔来说，唯物主义的哲学缺陷在于它关于“物质”本身概念的不连贯性）。当康德把意识（主体或“心灵”）归类为本体存在并否定认知它的可能性时，他以惊人而有效的方式组织了这个问题。其他一些人运用身体的类比有益地强化了这种观点：我们的精神从眼睛看外面，但看不到自身或它们背后的东西。如果从这种身体的类比转到时间的类比，那么更清楚的是，由于我们总是有意识的——甚至在睡梦里也有一种低层次的意识，或者莱布尼茨（Leibniz）可能称作敏感的东西——我们肯定无法知道缺少那种“特征”的情形：黑格尔的同代人所说的“非我”，就是意识会意识到那是作为它的他者，而不是意识本身的消失，它是除了科幻小说的图像思维无法想象的某种东西，某种关于他者性的思想。但难以理解的是，如果不知道某种事物的缺失意味着什么，我们怎么能了解这种事物？正如科林·麦克金（Colin McGinn）所论证的，很可能意识就是那些哲学问题之一，而这些问题是人类从结构上无法解决的；在那种意义上，康德的观点是应该接受的正确观点：虽然意识的存在像笛卡儿的“我思”一样确定，但意识作为自在之物永远是无法了解的。[4]

不过，这并不一定是对物质的最终判断，因为不可知论似乎并不承认失败，也不比其他可以想象的成果更少。黑格尔的唯心主义就是其中之一，其真正意思是无论我们思考什么都将仍然是思想，不论它可能是其他什么东西。这可以看作对所有思维境遇性的肯定（也是后来在海德格尔作品里被如此主题化的东西）；但它并不一定隐含精神主义的后果，因为在精神主义里，一切存在首先是思想；而它的更明显的含义是，一切关于存在的思想仍然也是思想（或意识）。

33　但是，现在我们可以回到前面讨论过的“假定”。按照我刚刚谈的唯心主义的特征，这种唯心主义在假定方面包含着什么？非常明显，唯物主义包含着某种假定的外部存在，它独立于我的意识（因此它同时也仍然在我的意识之内，因为我的意识超越了它）。如果这种唯物主义构成关于现实的形而上学的命题，那么任何唯心主义怎么能避免也成为形而上学的呢？我认为黑格尔以思辨所表示的，恰恰是这种标志不可避免的形而上学的假定行为的情形，它假定“外在”的真正构成是形而上学的，是一种我们不可超越的前提跳跃。在黑格尔的体系里，在这第三或思辨的阶段，外部世界的实质被肯定是以某种方式与主体性的实质相同，其中演绎推理的逻辑被肯定是以某种方式与生活本身的逻辑相同，因此这第三阶段构成黑格尔对不同性质的局限的承认，而对这点最好以历史的而非哲学的方式来进行考察。

【注释】

［1］Hans-Georg Gadamer，*Wahrheit und Methode*（Tübingen：JCB Mohr，1960）.

［2］G. W. F. Hegel，*Werke*，vol. 8，*Enzyklopadie der philosophischen Wissenchaften I*：*Wissenschaft der Logik*（Frankfurt：Suhrkamp，1986），p. 203；英文是 *Encyclopedia of Logic*，trans. William Wallace（Oxford：Clarendon Press，1975），p. 140。后面关于这本著作的参照用"*EL*"表示；所有的页码标示前面的是德文版，后面的是英文版。

［3］George Berkeley，*A Treatise Concerning the Principles of Human Knowledge*，in *The Works of George Berkeley*，eds. A. A. Luce and T. E. Jessop（London：Thomas Nelson，1949），pp. 42，72—73.

［4］Colin McGinn，*The Mysterious Flame*：*Conscious Minds in a Material World*（New York：Basic Books，1999）.

第 4 章　语言

34 《现象学》突然的开始有些像身体的真实感觉中的突爆事件，它在许多方面与《逻辑学》同样突然的开始是一样的，都是一些存在与虚无之间绝对的二元对立（其中尤其显得悖论的是它们被肯定以某种方式“相同”）。对每个人来说，身体的感知（暂时抛开黑格尔对感觉—真实性和感知之间的细致区分，对此我们稍后再谈）是现在或绝对时间性的现时的特殊内容，我们一直生活在其中，而且在那种程度上它就是存在本身，还没有在生命和生存之间进行任何区分，也没有中世纪或海德格尔那种对存在和生命之间的差别的犹豫。因此感觉是原始的经验，它先于所有其他经验，即使不比其他经验重要。若要论证它不像明显看上去那样是直接的和特殊的经验，那就是把存在揭示为虚无那样的反常行为。

重要的是要记住在这一章里意识不是争论的问题，因此它的结构与笛卡儿的开篇非常不同，它的论点很少与意识和物质存在相关，实际上我们甚至找不到一个主体在这里出现，我们以感觉的真实性用某种方式开始构成主体身份或个人身份或个人意识。
35 我们处于一种世界的神秘状态，处于那种“强烈纷繁的混乱”之中，威廉·詹姆斯把它等同于身体的觉醒（或者哲学面前的世界）；而正是这种混乱才可以不甚严格地表现为“直接性”的特征，作为一种振聋发聩的不在场的否定性或特殊性。甚至个体性、现时、单独性这些词也不能表示这种状态的特征，因为它先于那些后来才确立的概念所依赖的所有区分。事实上，唯一能够在任何情况下以结构的方式被置于与这种丰富感觉关系之中的现象，在黑格尔最明显的原创活动中最终都变成语言本身。

因此，在继续进行之前，有必要谈谈黑格尔的语言概念；但我认为要谈的是一种否定而不是肯定的概念。当然，黑格尔有一个肯定的语言概念，这在他的《精神哲学》或《哲学全书》一卷里有最透彻的阐述，这卷《哲学全书》有些像是他的人类学，其中语言的性质和功能在很大程度上以一种亚里士多德的精神展开（他非常钦佩《生活》[*De Anima*]）。这种“心理学”是黑格尔思想中最少意趣或原创性的部分，与《现象学》里令人惊讶的语言现象也很少联系，在《现象学》里，将运用这种所谓的“才能”的方式称为解构的方式也并非不合时宜。毫不奇怪，最接近有效地讨论语言的辩证法在于它从外在化和内在化方面对语言的看法；但辩证法经常为我们保留的那种有意义的惊人之处却很少在这种特殊的方式里发现。

这就是说，虽然不可相信语言能够传达对“概念”或真理和现实的充分的或肯定的解释——于是出现了挖空心思的句子和修辞，黑格尔被迫通过它们力图进行这种解释——但语言可以更贴切地用作错误或矛盾的指数。换句话说，语言更多地揭示它不能说的东西，而不是它试图说的东西，这也清楚地标志着黑格尔在这个阶段的某些关系，不仅是与当代理论的关系，而且还有与文学现代主义的关系，在文学现代主义里，失败常常比成功更有意义，其中语言的局限变成了再现本身局限的范式。

但是，我们首先需要区分语言在这本书里的几种不同用法， 36
它们不一定通过某个概念统一起来。语言确实可以在某个特定历史阶段（或“形态”）里出现，作为那个阶段的组成部分甚或其中的一个事件；这种情况就像封建制度里“议事”的作用（307/374），在那种情况下，大贵族服务于新生的国家权力，不过，这里语言已经是一种含混的、常常是靠不住的因素，因为随着国家权力（绝对的最高统治者）变成中心，“默默服务的英雄品质变成了阿谀奉承的英雄品质”（378/310），先前有用的言语变成了空洞的名字（大贵族的家族名字，被路易十四变成了寄生虫）。后来当我们进入18世纪和《拉穆的侄子》的世界时，阿谀奉承呈现出一种凶恶的面貌，获得了一种侵略武器的力量，就像寄生虫拉穆从他富有的赞助者那里恢复了中心地位和他的本质。但在这个时刻，语言在复杂的辩证里仍然只是一个因素，还没有“渗透”（393/323）到整体。

然而，这种历史的语境化是黑格尔更详尽地阐述其过程的时刻，如此设计是期望后者的扩展，以及更普遍地使语言等同于即将出现的文化。这就是对语言作为异化的讨论，“反异化”（308/376）有一段文字预示了黑格尔对这种独特现象的大部分复杂运用：

> 但是，这种异化只在语言里发生，并在这里表现出典型的意义。在伦理秩序的世界里，在法律和命令里，以及在实际的世界里，只有在商议当中，语言才具有其内容的实质，并成为那种内容的形式；但这里它有的是自身内容的形式，语言本身的形式，也是语言的权威性。它是言语的力量，作为那种力量它实现必须实现的东西。因为这是纯粹自我作为自我的真正存在；在言语里，自我意识，作为独立的、分开的个体性，形成它自身的存在，因此它是为他者存在。否则，“我”，这种纯粹的“我”，就不存在，就不在那里；在每一种其他表达里，它沉浸在现实当中，并呈现为一种它可
> 37 以撤销自己的形态；它从自己的行动以及外表特征的表达回映到自身之内，使自身摆脱一种总是同时有太多或太少东西

> 的不完善的存在，使它在无生气的背后保持自己。但是，语言以其纯洁性抑制它，只有它才表达“我”或“我”自身。这种“我”的真正存在类似于真实存在，是一种客观性，它包含“我”的真实性质。这个“我”是这种特定的“我”——但也是普遍的“我”；它的显现既是这种特定的“我”的外在化，同时也是这种特定的“我”的消失，结果“我”仍然处于它的普遍性之中。说话的“我”自身被听到或察觉到；这是一种影响，在这种影响中，它立刻与那些觉得它是真实存在的人统一起来，并成为一种普遍的自我意识。它被察觉或听到的意思是它的真正的存在消失了；这种它的他者性又回到它自身；而它的真实存在只能是这样：作为自我意识的现在，作为一种真实的存在，它并不是真实的存在，而通过这种消失它成为真实的存在。(308—309/376)

这段话初看似乎是以语言本身的特殊记录或主题对那种更普 38
遍的外在化和内在化的辩证关系的一种演练——前面我们已经简单地提到这种辩证关系——但它是通过形式和内容的对立来表达自身的（不像其他关于外在化的讨论，如工作或生产）。这里“商议”开始作为这种新的、后神圣的、现代性的世界的内容，如教育或文化，贵族把智慧和良好的感知分给国王，他们为他展示局势，指出好的和坏的后果——换句话说，他们的语言具有明确的内容，等于内容的价值。随着新出现的绝对君主政体特征的重要性的转移，渐渐地它变成了语言的形式——对国王说话的事实，有权对国王说话的事实——这种形式超过了对他说的任何具体的东西。这种转移不只是平等的语言地位变成了奉承者的语言，而是突出了语言本身这样一种转变；这也不只是语言功能的降低。因为语言作为一种媒介在日益区分中所形成的东西（以及在宫廷环境里那种媒介作为信息的作用），同样也是自相矛盾地形成的个体性本身。这里的悖论是，通过第一人称语言所表达的个体性，在“为他人”存在之前并不真正形成存在，我们在这里发现了一种关于认识辩证的语言版本，而它迄今只有在未来的主人和未来的奴隶那种一对一的直接斗争中才能看到。

但是，我的个体性形成存在与它为他人存在的这种同时
39 性——此时会说出“普遍的”这个关键词——本身就是第二个出乎意料地复杂的、悖论性的辩证时刻，在这种辩证里，我私有的“我”的无言的、独特的个体性会在公共的“我”的背后消失——公共的“我”属于每一个人，它承载着对我的承认——黑格尔把它称作一种“神性放弃”[*]，即个人的“我”被排除以便为公共的“我”让路。

最后，我们可以瞥见另一种独特的发展，它的性质和后果只有到后来才显现出来；这就是公共语言形成过程中的特征，也是正当地把普遍性和“公共领域”称作某种感染的特征，它有些像大气中某种无味而有毒的气体的扩散。在结构主义和后结构主义时期，我们也许仍然沉醉于对语言和交流的赞扬，因而对这种出人意料的修辞感到惊讶，即使不是震惊；对此我们还会再谈（即使从另一种观点看，这也可以看作预示某种媒体的理论）。

其他作为某个阶段内部元素的第二位的语言实例，也倾向于这种哲学的颠倒和扩展，因此黑格尔偶尔对口语的依赖——说明搬弄是非的法语形容词“espèce”或者无法翻译的德文表达“die Sache selbst”（重点，主要事物，事物的核心）——像凸镜似的聚焦于隐蔽的哲学内容。同时，具体化的短语，宣称的法律或伦

---

* “神性放弃”（kenosis）系神学用语，指基督本有上帝形象，反虚己成为人的样子。——译者注

理准则，都被认真地加以探究，直到它们变成无意义的重复（“不是差异的差异”）；然而在前面讨论过的另一种辩证颠倒里，语言本身最具体化的脉络——逻辑命题或演绎推理——却意外地证明是生活真正的工具，是概念的跳动的心脏，也是黑格尔思想过程的最后阶段。[1]

我们终于接触到《现象学》里对语言最策略的运用，即把它 40
用作分析判断的方法，那也是我们所表示的真正黑格尔式解构的特征；而这点并不局限于它的最著名的实例，第一章里对感觉—感知的真实性的“反证”。这种惊人的论证可以看作身体及其感觉的纯粹存在与语言本身一般性别之间的根本的不可调和性，当然，正是以某种这样的方式，艺术里的现代主义才掀起一次相关的反对关于再现的常规看法的运动。

但是，黑格尔并不完全以那种方式解释他的实验，满足于观察我们给予感觉—感知的那些描述：“不要说它们表示的东西”，不要说它们要求说的东西，或者它们意欲说的东西。

> 正如我们看到的，语言更诚实；在语言里，我们自己直接反驳我们想说的东西，由于这种普遍性是感觉—感知的真实［内容］，而只有语言表达这种真实［内容］，所以我们永远不可能说出或以文字表达我们意指的某种感觉的存在……（60/85）

或者，如他随后的补充，即我们所指的。

这里，它与解构的密切联系不在于简单的失败或无能，而在于语言设定一种意图的情形，但它又不可能从构成上保持这种意图，换句话说，它宣布自己的标准——它意欲说的东西，它实际说的东西，用德里达的话说就是它“想要说的”（vouloirdire）——并通过它未能达到为自己设定的标准可以从内部进行衡量，而它对未能达到标准也承担了责任。

这就是为什么《现象学》的开始远不只是对“转换词”的评注，就是说，关于“这里”、“现在”和“我”这类词的评注，这些词意味着表示直接性，同时又没有内容，可以包容运用它们表示的任何暂时的指涉，它们不可能表示它们所说的意思。这肯定是对那种现象惊人的颠倒，但在《现象学》其他许多关键的地方，这种颠倒都有一种方法论的启示。

41 因此，这种关键的措辞，即使在这里还不是语言问题，它也返回到主人/奴隶的辩证之中，在这种辩证里可以看到，“［贵族身份］的基本性质颠倒了它想成为的东西”（117/152）；但是，更有力和更有讽刺性的时刻是黑格尔嘲笑语言学的主张的那些时刻，语言一方面要求经验主义，另一方面又要求各种“规则”，这些再现了抽象理性的同样无效的两极——一极是力图把关于看到的外部世界的思想变成铁一般的事实；另一极是力图阐述关于支持着这种可见“事实”形成的那种看不见的过程的普遍化。“我们只看见由事实本身的性质所引发的主观想象说出——但不假思索地——它想肯定的东西的反面”（256/205），这里所说的“事实”，在这个词的各种意义上都是指某种真正的事物，它本身是头盖骨，颅相学断言它等同于思想，恰如我们自己时代的神经科学家断言脑子的生肉就是意识。（这种特殊的“科学的”分析确实引发出黑格尔最著名也最尖刻的格言之一：“精神是骨头”［260/208］。）

但是，这种阐述科学规则的努力在语言上同样令人生疑，这我们将会在论“力量”的那一章了解到。事实上，正如我们将要看到的，任何试图以可能性或潜能性代替存在的东西，任何以来世代替此时此地的东西，都是最富警惕性的黑格尔的批判的客体，这是以某种方式对直接性批判的换质性说明，因为它试图破坏对立方式的关系，但不是顽固地坚持现象，而是坚持本质，坚持在现象“背后”和“内部”的东西。无论如何，这种“规则”有它们自己的辩证，它们试图成为具体化的阐述，但又必须伴随着大量的解释：

> 无限性，或者纯自我活动的这种绝对的不安……先是清楚地、自由地展现自己。现象或者力量的作用，已经把它展示出来，但作为它最初自由地突显出来的“解释”……“解释”提供如此多自我满足的理由，可以说完全是因为其中包 42
> 含着直接与自我交流、只有自我享受的意识；虽然它看似忙于其他事物，事实上它只是忙于自己。（133—134/101）

但是，在黑格尔的见解里，他真正更加严厉的是道德法则。因为正是“应该”的伦理法则，或者康德的“应当”（Sollen）的法则——非常突出的恰恰是这种以可能性对实际的替代——才是黑格尔赞同内在性的基本目的。他用“一整套无思想的矛盾”表示道德的世界观，这种世界观由于必须统一而断言自身是一种道德力量，同时为伦理法则的有效性进行辩护，从而证明它在现实世界里没有得到遵守（这种不遵守首先证实了它自身存在的必要性），这里有两个时刻彼此互不调和，对此黑格尔写道：“因为一个时刻对它没有真实性，它假定那个完全一样的时刻本身是真实的，或者，成为相同事物的东西，为了断定一个时刻就是瞬间存在本身，它断言对立面就是包含存在本身的时刻。这样做，事实上它就承认了它确实与它们任何一个都不一致”（453—454/374）。因此，这种“不真诚的滑来滑去”，这种“掩饰”，在关于道德的一章从头到尾都受到谴责，认为它“没有认真地对待道德”（454/375），“对道德行为是不真诚的”（456/377）。

但是，当我们像康德本人那样讨论如此重要的特征时，怎么会是这样呢？当道德主义者和科学家都不能这么做时，认真地对待语言本身意味着什么呢？我认为他们的语言问题是双重的：一方面，他们似乎都没有认识到，意图再不能以语言记录，不像感觉—感知可以被记录那样。它们“表示”的东西，它们“要说”的东西或“意指”的东西，总是不幸地与它们实际说的东西相对立。它们要语言表达铁一般的事实或现象之外的东西，但语言只能传达这些对立之间的辩证关系。

因此，这实际上是问题的另一面，以一种阻碍对立统一的方
43 式运用语言的企图，以及在媒介内规定无矛盾法则的企图，而媒介明显是在对立之间不停地往返运动的东西。事实上，所有说话中的原始“矛盾”是那种“对立统一”最基本的表现形式之一，并被正确地认为是辩证思维的本质，然而，正如语言问题本身清楚地表明的，在实际说话境遇中又难以实现，因为在这种境遇里，不论它们是否愿意，词语的意思都不再模棱两可。实际上，黑格尔自己复杂的文体策略表明了辩证地展现潜在于文字和思想里的意义是多么复杂的事情，因为在语言效用的系统变化中，常常看似曲折的、不清楚的句子却证明是经过精心计划的行为。

但是，在黑格尔的作品里，这只是表示语言问题特征的最抽象的方式。从第一章以后，这里有争议的具体矛盾是个体说话者与语言本身普遍性之间的矛盾，而这是一种几乎不可能解决的张力。正如我们看到的，黑格尔常常把它戏剧化为一种自我牺牲，一种放弃（神性放弃），一种为了语言的普遍性对个人主体性的遮蔽。面对主观主义的高涨（雅各比［Jacobi］，施莱尔马赫［Schleiermacher］，浪漫主义思想，且不说费希特和谢林对“我”的夸大），黑格尔理解他自己的立场是对客观性的回归；就此而

言，这种自我放弃无疑经常有一种正面的强调。我们也不应该忘记那种普遍性在这里只表示其他的人，而语言显然是一种媒介，其他的人在这种媒介里已经在场，并且先于我们个人从童年以来对它的占用。因此语言已经是一种象征的精神训练，把它作为超越个体的集体的现实；甚至个人或私下的表达也必然发生在已经确立的集体框架之内，并作为对它的反应。

然而，这种阿多诺所称的“走向客体的优越性”，不应该被曲解为对某种禁欲和放弃的讽刺，后面我们会看到，这个大词“满足”（科耶夫最喜欢的黑格尔主义之一）预示着一套完整的伦 44
理，它与康德的种种责任的理想毫无共同之处，更不用说柏拉图式的对身体的恐惧（无视黑格尔的“唯心主义”）。事实上，《现象学》确实在个体和语言的普遍性之间达到了一个平衡的时刻；如果把它看作这种贯穿全书的张力的结果，那也会更好地理解《现象学》用以结尾的那个本来显得奇怪的时刻（把该书叙事的结束置于宗教部分之前，很快我会对这点加以解释），即看似关于忏悔和宽恕的伦理的高潮。但是，事实上这些恰恰被理解为特殊的语言现象，被理解为在结构上的独特时刻，其中主体性能够使自身普遍化并得到承认或集体的认可。在对结论之前出现的关于良知的说明里，已经可以看到这种“调和”的某种东西(480—481/396—397)；至于结论的叙事意义，我会在后面讨论。

> 不论确认行为源自某种责任信念是否**真实**，不论所做的事情实际上是否是某种**责任**——这些问题和疑问在谈论良知时都毫无意义。若要问“确认”是否真实，就会假定内在的意图不同于说出的意图，就是说，个人自我希望的东西可以与责任分开，与普遍的意愿和纯粹的意识分开；后者会被说出来，但前者会是严格意义上的行为动机。但是，普遍意识

> 和个人自我之间的区分恰恰是被取代的东西，而对它的压制则成为良知。自我对肯定它自己的直接认识是法律和责任。它的意图由于是它自己的意图因而是正确的东西；它所要求的一切是它应该了解这点，应该申明它相信它的了解和意愿是正确的。宣告这种信念本身使形式摆脱了它的特殊性，因此它就承认了**自我的必然的普遍性**。在把它自己称作**良知**时，它就把自己看作对它自己的纯粹认识和纯粹的抽象意愿，也就是把它自己看作一种普遍的认识和意愿，并且认识和承认其他的人，与他们相同——因为他们正是这种纯粹的
> 45 自我认识和意愿——因此这种认识和意愿也被**他们**认识和承认。在那种肯定它自己的自我意愿里，在他承认自我是本质的存在里，包含着什么是正确的本质。因此，不论谁说他根据良知如此这般行事，他说的都是实话，因为他的良知是自我，而自我进行认识和提出意愿。但非常重要的是他应该这么**说**，因为这个自我同时是普遍性的自我。不是在行为**内容**方面的普遍性，因为，由于它自己的特性，这种行为的内容本质上是无关紧要的事情：真正的普遍性在于行为的形式。正是这种形式才被确立为实际存在，正是**自我**本身在语言里才是实际存在，它宣称自己是真实的，而正是通过这样做，它承认其他的自我并被他们承认。(480—481/396—397)

【注释】

［1］黑格尔对千年不朽的亚里士多德的逻辑学的学术版本的复活和改变，他把这些死的形式转变成真正哲学概念的变革，肯定是他最富理智的原创性的和大胆的哲学行为。

第 5 章　对立

但是，前三章的（技术—哲学的）章节也是一种说明，是对 47
被认为辩证思维中的大量对立（在黑格尔看来）的一种安排，而辩证思维是一种称作理解的思想方法。正如我们已经看到的，这是归之为常识的思维：普通的、自然的、依靠经验的思维，在哲学里属于被亚里士多德和后来被康德（以某种不同的维度）系统化的那种类型，他们的著作对于所谓在日常生活中发生作用的意识形态具有里程碑的意义。如此，它就不再是一个反驳这种思维的问题，假如没有这种思维，在一个仍然是牛顿所说的身体经验层面的宇宙里，我们任何人都不可能生活或发生作用；因为这种思维是划出疆界，标明局限和不足。把这种哲学设想和康德的加以比较很有意义，因为康德的设想同样关注划界和标出理性的要求，但是，康德希望中止对形而上学领域的不正当的思辨（在这些领域只有信仰是适当的），而黑格尔通过激活他公开称作思辨的思想主张，希望系统地揭露并谴责那种从所谓空间思维方面思考现实思想的企图，谴责那种对外在事物和数量的思考。

因为这种思维——按照康德的用法，专门称作理解——是一
种围绕无矛盾的规则组织的思维，是一种在一个时间给定的对立 48
或二元对立只有一极的思维。也许最好不要以经常表述的神秘精神来探讨黑格尔广为人知的辩证的“对立统一”；也许最好从结构主义出发来理解它的重要意义，尽管在某些人看来——包括我自己——结构主义有它的局限，但无论如何它都表示辩证法的重新觉醒和重新发现。事实上，这正是展现一种总体化的、对二元

对立赞扬的时刻，因为它使我们摆脱了亚里士多德那种逻辑中的静止的实体论；它还像当代的哲学那样——但以一种更尖锐也更有计划的方式——极力倡导关系以及过程和相互性的首要地位——如像索绪尔所说的名言："没有确定条件的差异"。实际上，我们将会看到，理解辩证法的最可靠的方式是那种能够"无确定条件"地思考黑格尔的方式。

尽管可能是这样，但《现象学》肯定是一部深刻的结构主义的前卫著作；虽然前面这些章节列举单独或多种结合发生作用的各种二元对立，但如果我们来做可能会做得更差。在考察语言时，我们已经达成个体和普遍之间的那种二元对立；但我们没有坚持二元对立的形式事实上规定着对立两方面的作用，以及后面章节里其他许多对立两方面的作用，而那就是本质和非本质之间的对立——今天可以把它称为中心和边缘或支配和从属之间的对立。如果没有这种形式转换形成的地位的不断变化，那么黑格尔的形式系列就不可思议，因为形式转换基本上与我们所说的假定是一致的。因此，"外在物"可能是感知的第二位的附属，是一种组织我们与事物关系的方式；但在通过不幸的意识对自己非本质性的宗教信念里，它变成了本质的，因为在那种信念里，不可触及的上帝的"外在物"被假定是本质的。

随着论感知一章的展开，出现了一种新的对立，它在先于它的感觉—感知（或"感觉的真实性"）阶段不是特别重要；这就
49 是单一和众多之间、单一性和多重性之间的对立。正如感觉的多重性慢慢地把自己重新组织成个体的东西及其多种特征，同样某种类似意识统一性的东西也从德勒兹那种精神分裂中出现，永恒的现在也从先前纯粹的感觉时刻出现。实际上，正是这种客体和主体统一范畴中组织的首要性，将构成黑格尔关于主体和实体最终统一的第一个证据，他把这种情况称为思辨性（并无法进行检验）。

但是，关于这两种对立相关的观点并没有被预先提出，我们完全可以首先把事物看作一个统一体，在这种情况下，它或者是“（a）一种中立的、被动的普遍性，并且还有多种特征或毋宁说多种‘物质’；或者是（b）否定，同样简单；或者是单一体，它排除对立的特征”（96/69）。但是，随着否定的减弱，事物或客体从这些强调中的第二位变成了第一位，在这个过程中，它（从a）变成了它的多种性质或特征的一个纯粹的空的容器，或者换句话说，变成了一种第三位的形式，其中“许多特征本身”突显出来，事物以一种回忆的措辞“在放射出多元性的存在媒介里”变成了“单一个体性的观点”。但这并不能读作一种标准的三段式发展，因为现在个体的种种特征本身彼此形成了对立，引发出一种新的、更复杂的辩证，而这种辩证只有等到事物及其特征背后的“力量”或“法则”之外的东西出现时才能完成。

现在，这种“外在物”形式问题的重新出现被编成了一种新的对立，即表达和本质或法则的对立，其中通过被赋予一种解释的法则单一的现象会得到解释，而它仅仅变成解释法则的范例，降低到一种更基本的但又无法感知或看见的内在现实的非本质的征象，这种变动产生出更一般的现象（有时被笨拙地翻译成“表现”）范畴，这种范畴不仅连续产生和消除非本质和本质之间的对立，而且还连续产生和消除更强烈的同样的对立，在被动性和 50
主动性之间进行转换。

相当清楚的是，这种对立旨在使大量异质性的材料形成秩序，并优先考虑使科学法则（因果关系只是它的一种形式）可以得到连接和编排。但我们必须记住法则的概念在黑格尔那里所引起的讽刺力量，以及他对天真的、试图以单一维度或肯定的方式运用语言（在很大程度上包括数学的“语言”）所作的充满激情的、解构式的否定。法则的概念一方面引起对外在事物的辩证，同时在另一方面也引起对责任或伦理规定的辩证，即诉诸纯粹的可能性或潜在的可能。

最著名的黑格尔的对立——肯定和否定，一致和差异——不应该看作这种对立繁衍的高潮，而只是它们最强烈的、最富戏剧性的形式。我们也不应该遵循黑格尔评论家的成果，力求确定这种对立得到解决的最终形式（仿佛大《逻辑学》本身只不过是走向某种最终的揭示）。相反，最好把每一个时刻理解为多种对立不断地、无止境地发生作用；而要达到这种理解最好通过仔细阅读一些段落，因为在这些段落里，多种对立成对地相互交替着彼此来回地发生作用，例如内容和形式，本质的和非本质的，主动的和被动的，它们交替地叠加到内部和外部、自我和他者、一致和差异、单一性和多样性，诸如此类。这会使我们在非目的论的黑格尔的运作中得到训练，他的基本的争论目标是理解或经验论：无矛盾的意识形态既产生关于肯定行为的幻象，也产生实体论的世界观的物化。当我们试图把时间性或历史本身的形式重新引进这种争论时，究竟会发生什么仍然有待于观察。

第 6 章　行动的伦理（自身的问题）

但是，在我们这样做之前，我们必须努力解开并阐述某种应 51
该称作黑格尔的伦理的东西。它是黑格尔的哲学思想的重要核心之一（它们是多重的），当然也很容易以一种法则的、最终是形而上学的方式被系统化。实际上，这种暂时的核心说明了黑格尔何以能被纳入许多不可调和的意识形态导向，这个是左翼的和不甚严格的马克思主义的，其他一些（例如他赞同内在性被称作保守主义）显出更多的右翼倾向。实际上，除了这两个政治的对立之外，很可能有多个可以意识形态化的黑格尔；但这里需要再次肯定的是任何这种系统化的不恰当的性质，因为它等于把黑格尔的思想和他的文本转变成了那种称之为黑格尔主义的另外的东西，即一种系统的哲学和一种形而上学，虽然他自己（特别是在柏林写的著作里）在它们的构成中也多有参与，但它们作为意识形态却可以与他思想本身的力量以及辩证法分开。事实上，同样的运作也可以在马克思的丰富遗产中看到，恩格斯把马克思的著作概括为后来所称的马克思主义——一种有多种可能形式的系统的哲学，也是一种意识形态，人们肯定对这种意识形态有某些同
情甚至信奉它（如我自己），但并不想掩盖它与我喜欢称作理论 52
（甚或理论著作）的东西的根本区别，它不会提出这种系统的或哲学的主张。

因此，我这里想呈现的黑格尔的伦理仍然最好以一种哲学的形式来理解——即使严格说不是通常意义上的哲学，那么至少也是关于生产的哲学：歌德的行动的哲学，或工作的哲学，或外在

化的哲学（“此外，我憎恨只是教训我而不扩大或立刻激发我行动的一切”［1798 年 12 月 19 日歌德致席勒的信］）。在《现象学》里，直到杰出的主人/奴隶一章才出现这种哲学，这种推迟本身对在它之前出现的（并在随后对“遵循理性”的静态探索中得到充分发展的）关于“力量”的科学理论阐述提供了某种有意思的说明。

将来的主人和奴隶之间斗争的结果决不是欲望的实现，后者更容易对付，这是黑格尔在下面这段话里表明的，这段话也证明了布莱希特对他作为一个伟大的喜剧作家的判断：

> 由于这样诉诸普遍的经验，我们有可能预见这种情况在实际环境里如何存在。就此而言，我们可以告诉那些坚持感觉—客体现实中的真实性和确定性的人，他们应该退回到小学的智慧，回到古代色列斯的依洛西斯秘密仪式*，他们还必须学习吃面包和喝酒的神秘意义。因为刚开始接触这些秘密的人不仅怀疑感觉的事物的存在，而且觉得它的存在不可企及；一方面他在处理这种事物时自己造成了它们的虚无，另一方面他认为它们自身缩减为虚无。甚至动物也不会缺少这种智慧，相反，它们表现出对它有非常深刻的了解；因为它们面对感觉的东西不会懒惰地待着，仿佛这些东西是内在的存在，对它们的现实感到绝望，完全肯定它们的虚无性，而是会毫不客气地扑向它们，把它们吃掉。整个大自然都像动物一样，它赞颂这些公开的秘密，它们教会关于感觉的事物的真实性。(91/65)

---

* 色列斯是希腊罗马神话中的谷物和耕作女神，古代每年在依洛西斯城举行秘密的宗教仪式，祭祀谷物女神。——译者注

在自我意识一章论及的欲望远比这种欲望更加复杂，它不承 53
认任何直接的物质满足，黑格尔似乎从性的方面抛出了这种辩证
的一个早期版本，把它作为性属的对立[1]，只是后来才在后面的
章节里重新安排了性的辩证（这些章节包括“快感和需要”、“内
心的法则”和“贞操”等），并以一种渴求承认的非常不同的欲
望精神重新安排了这种辩证。这种承认至今仍然是一个引起共鸣
的概念创新。非常明显，承认的主题本身对任何政治都会产生重要 54
的影响，但更适合种族、性属和族裔而不是阶级斗争的政治。[2]

但是，这不是我们此刻的主题，毋宁说此刻的主题与这种承认对身体和对生产与消费的影响相关。《现象学》最著名的这一章的结构广为人知，它引发出无数传统的解释。正是亚历山大·科耶夫对所谓主人和奴隶（更直接的翻译是贵族和农奴）之间斗争的评论，把这个插曲既置于现象学的又置于政治的日程。这在哲学史上肯定是首次，其中他者的问题是被这样主题化的：对唯我论和笛卡儿关于自动性的沉思的反思，由于这一明确的干预立刻变成了死路和伪问题。有一条关系的线索直接导向（不经过海德格尔的“与他者共在”的概念，因此本身也是另一条死路）萨特的“看”的理论，这种理论假定所有个人的关系都是不可解决的冲突。因此，把这些个人与他者的对抗转变成集体的对抗，就会揭开《辩证理性的批判》（*Critique of Dialectical Reason*）的理论创新这一基本问题。

同时，黑格尔自己对该问题的主题化，以及它通过“主体间性”（intersubjectivity）概念不可避免的包容和归纳，产生出第二种——谁敢说资产阶级的？——哲学和政治的传统。这里萨特所谴责的政治“宽容”和阶级或多元文化和谐的传统变成了一种承认的政治策略，对此阿克塞尔·霍奈思（Axel Honneth）和雅克·朗西埃（Jacques Rancière）分别以不同的方式作了非常重要

的理论阐述。后面我们再谈科耶夫时将对这些政治延伸做出评价。

55 然而，这里应该承认黑格尔的现象学分析的辩证敏感性。在某种意义上，为统治进行的斗争构成“不幸意识”的某种外在化：对于我自己的自我或意识——定位为某种非本质的、某种偶然的和无价值的，或者用后来萨特的话说是“未证实合理的”——面对不在场然而是本质的、中心的超验性，如果“不幸意识”假定某种内在的位置，那么它实际上是对自己的假定。因此，主人/奴隶的斗争使这种辩证对抗的两极都外在化了，其结果本身将决定对本质和非本质的限定应用于哪个方面。（或者，更确切地说，自我—意识只有通过这种外在化才能达成，个人自我—意识或内省性的达成依赖于先在的他者进入我的经验领域。）

因此，比外在的情况和特征的范畴更重要的是这些本质性和中心性的辩证的范畴，根据本质性和中心性，独特的、匿名的无意识与封建贵族和统治的关系被表达出来，而他者对他严格的属下地位的屈服将确定他是农奴或奴隶（取决于我们连接这种神话的社会规范，如此限定是因为它既不是一个历史事件也不是任何永恒的人类关系结构）。但是，对黑格尔来说，这种生死斗争的利害关系不是统治的意志和社会权力的动机，而是被他者承认的必然性，黑格尔把它归之于自我—意识的形成（而萨特的看法表明它不需要以任何启发的、教育的或者发展的方式来理解）。

至于结果，这会使我们以不同的方式回到生命和身体。因为要成为主人就要通过他对生命的轻视来取得胜利（或者，也许我们应该说他不在乎死亡），对他来说，承认就是坚持对荣誉的忠诚，正如人们从中世纪的欧洲到封建的日本在贵族中所发现的它的各种文化化身那样。但是，未来的奴隶在任何情况下都信奉生命和他自己身体的生存，更愿意屈从而不愿意为了抽象的价值而死亡。

这似乎会使主人显出一种更肯定或更富哲学的人生，如像黑格尔或柏拉图的理想主义者，而奴隶——布莱希特笔下的懦夫——是一个唯物主义者，担心自己身体的死亡。然而，黑格尔这里的讨论采取一种明显是存在主义的甚至是海德格尔式的变化，他赞扬失败者对死亡的焦虑和对“绝对主人或死亡”的有条件的投降。实际上，这里的焦虑预示了后来被认为是思想上的绝对怀疑和政治上的绝对自由的东西（法国大革命的恐怖），就是说，“否定”的最大力量及其实施，它打破并消解它的道路上一切实在的东西，一切在实体存在的现状里仍然继续的东西： 56

所有一切，新形成的，
实体状态，都要遭到毁灭。（《浮士德 I》）

个体事物出现的源泉也会遭到破坏，因为他们根据对时代的评价为自己受到的不公正而互相敌对和惩罚。（阿那克西曼德）

因此变得不甚清楚的是，正是超越身体及其满足的主人保持着智者的地位；然而，在这里否定性的价值胜过了理想主义，并在哲学上构成一种比主人天真的武士道似的无畏性更令人满意的消解身体（和其他一切东西）的力量。

不过，这种颠倒已经处于关于承认的辩证的核心，因为每一方都得到了他应该得到的，主人的胜利得到了回报，他被已经变成他奴隶的下等人的失败者承认是真正的人的化身：

相应地，［主人的］真理是农奴的奴性意识……正如贵

> 57 族表明它的本质颠倒了它想成为的东西，同样完全的奴隶状态实际上也会变成它直接成为的东西的反面；作为一种被迫回到自身的意识，它会退回到自身并被转变成一种真正的独立意识。(152/117)

但是，这种交换是不对称的，不确切地说，主人因此是奴隶的真理，因为主人已经变成了纯粹的寄生虫，奴隶为他劳作并为他提供奢华和生活必需品；主人的贵族地位在于他自己的职业责任，即他时不时地要以各种武装斗争赌博他的生命。

因此奴隶的真理是劳动本身，他充满恐惧地对身体和物质的保护变成了对不断劳动本身的谴责。在这一点上，否定性本身得到澄清：这种限定的对产生特殊工作和物质客体的事物的否定，与只产生死亡和毁灭的绝对否定显著不同。正是在这一点上，我们欢迎黑格尔对工作的热烈赞颂：

> 但是，通过工作，奴隶意识到他真正是什么。在符合主人意识里的欲望的时刻，的确与事物的非本质关系方面注定属于奴隶，因为在那种关系里事物保持着它的独立性。欲望对自己保留了对客体的完全否定，因此也保留了它对自己纯粹的感觉。但那正是为什么这种满足本身只是稍纵即逝的一种满足的原因，因为它缺少客观性和持久性的一面。另一方面，工作是受到控制的欲望，瞬间性消除了；换言之，工作影响事物。与客体的否定关系变成了它的**形式**和某种**持久的**东西，因为完全是因为工人客体才有独立性。这种**否定的**中间项或构成**活动**同时是个体性或意识的纯自我存在，这时意识在它之外的工作里获得了持久的因素；因此，正是以这种方式，意识或作为工人在［客体的］独立存在中发现了它**自**

己的存在。（153—154/118）

推迟的满足无疑是我们熟悉的一个概念，至少自韦伯的《新 58
教伦理》以来是如此，那本书以工资的形式描述了资本主义特有的文化革命特征，即为了把农民转变成工资劳动者需要重构心理。这里黑格尔心目中的新的时间性似乎正好反映了手工业生产的节奏，因为手工业工人仍然能够在生产的东西里、在因此构成的事物里认识自己。

这是我们读到对工作充分赞颂时得到证实的一种印象，这种赞颂出现在重要的中心一章“关于通过其自身活动的理性自我意识的论述”（V-B），随后专门论述以反讽的方式称作“人类动物”或所谓的“精神动物王国”（V-C-a）的一节，以及它的概念的中心部分，即难以翻译的“Sache selbst”。

“die Sache selbst”是什么呢？如果你一定要问，那么你可能
永远不知道。就此而言，我想援用托马斯·曼的小说《浮士德博 59
士》里最具黑格尔特征的时刻，在小说里，人文主义的叙述者问他的年轻朋友莱弗金如何开始从事音乐事业，他是否知道比爱情更强烈的感情：“是的，”阿德里安冷静地答道，“那就是兴趣。”在这种意义上，兴趣确实就是那个时刻，因为在这个时刻，我们生产的存在实际上与它直接面对的世界的那个部分是一致的，处于对绝对精神最崇高的哲学形象的一种谦卑的物质规定之中，处于决定精神假定的主体和客体、精神和自然的统一之中。但绝对精神被蓄意说成是哲学的第三或思辨维度的特征（另外两个是理解和理性，或个体意识和精神，或者按照《逻辑学》是存在和本质，取决于你如何组织工作）。

但是，die Sache selbst——不论你把它翻译成“手边的东西”，或者“主要问题”或“要点”，或者“事物的核心”——不是一种

思辨的可能性，而是一种日常的经验，最好不要说是在活动中自我消失的经验，而是自我外在化的经验。因为，无论如何，在这个时刻，某种真正黑格尔的伦理提供了最可能使形而上学和哲学系统化的机会。不过，能够有效地阻止这种诱惑的，是那种通过另外一种或多种不同的二元对应关系使单一方式的主题对立复杂化。

因此，这里外在化（externalization）和外化（exteriorization）的交替（这是在《现象学》最后结尾的一个时刻，它投射出——作为记忆——一套包括历史的完整的规定）肯定是一种熟悉的甚至不可避免的交替；但是在这种个体性（用德勒兹的语言就是“主体化”）的最初时刻，它有节奏地与特殊和普遍之间的张力结合在一起。黑格尔也许过于草率地把这种变动戏剧化为“牺牲”(265/213)，不过他很快对他的说法进行了纠正，补充说，已经“牺牲”的东西——“个体作为一种自然生物的需要”，事实上
60 “不是失意，而是享受某种实际的存在”(265/213)（德文词——“Wirklichkeit haben”［实际存在］——比翻译的英文词更有力量，只有强调黑格尔的艺术术语的“现实性”，才能正确地传递它的意思）。因为正是该过程中的普遍性的向度才单独把“特殊性”首先变成“个体性”。于是，问题成为关于这种特殊的普遍性的性质和根源，而这显然不是前面讨论过的语言的问题。什么东西能把无精神的个人身体的努力——例如卸下粮袋或在矿井里费力地开采煤层，或者收获土豆或把船板或房板钉在一起——转变成普遍性呢？

这里，黑格尔对多种对立的同时运作，很可能显得过早地对它们的彼此关系进行了预期，并对它们的节奏犹豫不定。我们已经暗示并在后面会详细解释，对黑格尔来说，精神——这本书以“精神”命名——总是意味着集体性，包括习惯本身（源自“Sittlichkeit”［品德］一词的“Sitten”［合乎文明社会礼仪的习惯］在黑格尔这里应该翻译成伦理的实质，而不只是个人的道德）；实际上，构成本章框架的承认和随后形成的自我意识，已经表现出一个概念的特点，它自身内部就“包括伦理领域”（265/212）。因此不应该惊讶（但又确实令人惊讶）讨论突然转向对民族的赞颂——“自由民族的生活”，“全体人民的权力”——把它作为那种 25 年后构成歌德《浮士德Ⅱ》高潮的东西，作为对民族主义运动以及对神圣同盟的替代，换句话说，作为德国对法国大革命的共和精神的挪用。

但是，对这种“普遍性”的政治预想如何理解，直到后来讨论“精神动物王国”时我们才明白。因为法国大革命不只是一次巨大的政治颠覆——1789 年 8 月 4 日夜结束了封建制度——大量普通民众取代了整个贵族精英和君主政体本身——而且它还是世俗化过程本身的高潮。这个过程不仅仅表现出工资劳动出现的特 61
点，虽然它也有那种特点，而且还表现出摆脱神圣镣铐的人类解放活动的特点——所谓的“为个人才华打开道路”，不仅可以超越旧体制的传统等级障碍，而且还可以使旧的宗教的神命或“神召”的概念平民化，现在可以允许个人的兴趣，并允许从事一切符合我们个人主体性的活动，这是一种新的自由，可以摆脱从自己的父辈继承的东西，摆脱家族或村庄通常指定的职业。

不过，现在它是一种奇怪的不可思议或神秘的东西：我怎么会对木工活儿感兴趣而对金属锻造没兴趣呢？我作为一个织工或皮匠（最早的政治知识分子）的命运，是以某种方式刻写在我的存在和事物与物质的存在上的吗？现在的问题不再是“波斯人多么可怕”而是为什么人们希望成为一个牙医或制作工人。这一问题刚一提出又立刻被机遇、金钱和家庭历史的力量掩盖和遮蔽；但黑格尔继续以几乎是本体论的力量提出这一问题，正如他的回答——“精神动物王国”的概念——所证实的那样。因为，像自然生命的种类一样，仿佛社会化的人按照他们的“天赋和才能”也分为无数种的行业和工艺。“天赋和才能”的概念出现在完全相同的历史时刻，其中只有天才的那种才能顽强地生存到今天（康德把这种观念从理论上阐述为一种仍然在我们内部存在的自然的力量）。

在一个简短的存在主义的插曲里，这种新发现的个体性探索它在性活动中的自我享受、爱的激情，以及美德和庸俗的辩证——这里显然参考了卢梭，莫里哀的《恨世者》，以及从理查森到萨德和罗伯斯庇尔整个18世纪对美德的偏见。在这个插曲之后又返回工作的概念，并对它加以扩展，作为行动本身的概念（现代对实践的政治理论阐述期待着西兹科乌斯基公爵［Count Cieszkowski］1839年的文章），我认为这个概念在黑格尔的作品
62 里主要被理解为一种工作形式，即歌德不断实践并赞扬的那种创造和生产活动。但不应该期望中断对这种形式进行辩证的质疑会使它完整无损地作为某种自然的统一体，相反，在黑格尔的作品里，行为或行动也辩证地“把自身划分”为目的、方法以及结果或物体，它一方面可能使我们不再执迷于意图，另一方面可能留给我们最遗憾的、不想要的后果，即使一开始并不是没有能力，因为工作不可能总是实现我们最初对它怀有的梦想，它既可能使我们难以决断，也可能使我们机械教条地接受而没有抱负。

不过，这样一种僵持却是黑格尔希望的，因为它召唤出现我们可以称作世界观的所有力量。

> 相应地，一个人直到他通过行动使自己成为某种现实之前，他不可能知道他［实际上］是什么。但是，这似乎意味着在他实现**目的**之前他不可能决定他行动的**目的**；但与此同

时，由于他是个**有意识**的个人，事先他必须使他面前的行动**完全是他自己的**，那就是一种**目的**。因此，准备行动的人似乎发现他处在一种循环之中，其中每一个时刻都预设了另一个，于是他好像不可能找到开始，因为他只能从行动中知道他的原始性质，而这必定是他的目的，同时，为了行动，他必须预先就有那个目的。但是，正是由于这种原因，他必须立刻开始，而且，不论什么情形，他不再顾及开始、方法或目的，便开始行动；因为他的本质和内在的性质就是开始、方法和目的，全都成为一体。**作为开始**，这种性质出现在行动环境里；个人在某种事物中发现的兴趣就是对问题已经给出的答案，“他是否应该行动？在给定的情况下应该做什么？”因为看似**给定的**现实，其本身就是他自己的原始性质，这种性质只有某种［客观］存在的虚幻的表象——以其双重的外表隐含在行动概念中的一种现象，但它通过他对它的兴趣表明，它本身就是他自己的原始性质。与此相似，“如何”或方法也在它自身并为它自身得到确定。同样，**才能**只不过是明确的、原始的个体性，它被认为是一种**内在的方法**，或 63
者是从目的到某种达成的现实的转变。但**实际的**方法和真正的转变是才能与手边物质性质的统一，呈现在那种兴趣当中，才能在方法里体现行动的一面，而兴趣体现内容的一面；两者都是个体性本身，作为存在和行动的一种融合。因此，我们得到的是一系列给定的**境遇**，它们**本身**是个人自己的原始性质；随后是兴趣，兴趣把它们作为它自己的，或作为它的目的；最后，在**方法**里［这些］联合并消除对立。(297/240)

这种迸发伴随着一种真正萨特式的对“兴奋、哀伤和后悔” 64

（297/240）的否定，丝毫不想掩盖行为会异化为

> 意愿和实现的对立，目的和方法之间的对立，还有这种内在性质作为整体和现实本身之间的对立，这种对立一般在它内部包括其行动的偶然性……［行为的一致性和必然性］与前者交叠，行动的偶然性的经验本身只是一种偶然性的经验……相反，在工作中出现的对立和否定性不仅影响工作的内容或者还有意识的内容，而且也影响现实本身，并因此影响现实中存在的、只有通过现实才存在的对立，以及工作的消失。因此，在这种情况下，意识由于它可能消失的工作而折回自身，保留它的概念和它的确定性，作为客观存在和持续的、事实上属于行动的偶然性的东西。（302—304/246）

这种对“实物本身”的兴奋，通过“逐渐意识到它自己的实在性和客观世界存在的那种统一”可以得到解释……“因为那种统一意味着快乐，个人由他自己的精神被送到世界上寻求他的快乐”（268/215）。“个人知道他在实际世界上只能找到与他自己统一的东西，或者在那个世界的真实中只能确定他自己，因此他只能在自身之内体验欢乐”（299—300/242）。但是，如果我们要充分理解这段话中的情感——这段话也把科耶夫非常喜欢的黑格尔的满足或实现的概念戏剧化了——那么我们就要暂时回过来把它们与更纯粹的智性快乐加以对照，黑格尔把这种快乐归之为对自然世界本身无限多样性的抽象的理性的观察。

> 虽然最初它只是模糊地意识到它在实际世界的存在，或者只是非常简单地知道这个世界是它自己的，但由于这种信
> 65 念它极力想整个占有它，保证为自己所有，并在每一个高处

> 和低处栽上它的王国的标记。但这种表面上的“［它是］我的”不是它最终的兴趣；这种整个占有仍然在它的所有中发现异己的“他者”，而抽象的理性自身并不包含这种“他者”。理性模糊地意识到自己比纯粹的“我”是一种更深刻的本质，它必然要求那种差别，那种存在，以其多样性完全变成它自己的，它把自己看成真实的世界，并觉得自身呈现为一种［外部的］形态和事物。但是，即使理性深入事物的内脏并打开它们的每一根血管，以便它可以迸发出来满足自己，它也不会获得这么做的快乐；它必须先内在地完成自己才可能体验自己的完美。(186/146)

科学家对自然的观察——采集者的欢乐，卢梭对植物学和对自然物种分类的热情，所有那些福柯归之为“古典时期”科学的类型学——这些情感都包含某种神秘的沮丧、隐蔽的绝望，就像观察的理性那样，把它的手伸到大自然的最深处，在它们内部四处挖掘，但不能在这种表面的活动中找到自己。

然而，我们还没有触及是什么完成和封闭、最后确定和肯定
工作或行动的那个方面，而单只那个方面就可以证明它们以某种 66
方式是普遍性的；这是一个微妙的问题，语言普遍性的例子不会特别有助于我们以简单的方式解决。工作作为某种信息或某种交流的概念，仍然会折射我们关于物品生产的思想，或者在意想不到的方面实施的某种行为的思想，其中物品可能会要求某种消费，而行为本身——尤其如果它们是“世界—历史的”——则会从其他人那里得到一种非常特殊的承认。

无论如何，这是黑格尔的思想在这里出现的转折，从对那种我把自己外在化时可以达到的自我的承认，转到其他人的注意和兴趣：“现实化……是人们自己的普遍性因素的展现，因此它变

成、也应该变成每个人的事情”(309/251)。这种对实是个人的东西的普遍性的强调，正好与个人对社会的那种旧模式相反，而那种旧模式在西方传统中已经变成机械的习惯性思维方式（黑格尔在这里公开称它是欺骗［Betrug］）：

> 如果自称人们关心的只是“手上的东西”，那同样是对自己和他人的欺骗。开启主体—物质的意识很快知道，其他人会像苍蝇一样奔向新倒掉的牛奶，并愿意使自己因它忙碌；他们了解那种个人，他也关心主体—物质，不是作为客体，而是作为他自己的事情。另一方面，如果假定是本质的东西只不过是做它的活动，是运用力量和才能，或者表达这种特殊的个体性，那么所有各方都同样知道，他们认为自己受到影响并应邀参与，而且，除了打开主体—物质的个人所特有的单纯的“做”或独立的活动，某种为了他人的东西也被打开，或者是某种靠自身存在的主体—物质。在这两种情形里会发生同样的事情，只是通过与设想的东西和假定接受的东西的对照会有不同的意义。意识对两方面的体验同样是
> 67 本质的时刻，这样做它就会了解“手上的东西”的性质究竟是什么，即它既不完全是与一般行为和个人行为对立的某种东西，也不是坚持反对某种持续存在的行为，亦不是这些时刻的任意属性成为它的典型的行为。相反，这是它的性质，因为它的存在是单个人的行为，也是所有个人的行为，而个人的行为也是直接为了他人，或者是一种“手上的东西”，而这样只能作为每一个和所有个人的行为：本质是所有存在的本质，即精神的本质。(309—310/251—252)

这种出乎意料的对个体及其工作内部的集体性的揭示，现在

会把我们导向黑格尔思想里两条不同而又都是基本的线路，第一条当然是精神本身，在精神结构里，其他人以及他们限定的普遍性是构成性的，然而此时以一种历史的而不是构成的方式导致一 68
系列的“形态”，按照这种形态我们看到黑格尔所谓的历史哲学。

在另一条线路里，工作和外在化的精神会吸引我们，这条线路可以说是形而上学的而不是历史的，因为它看上去是哲学的种种主义和世界观，而不是一些连接与境遇。这里的关键是黑格尔的内在性的概念，一种哲学的信念，它会比赞扬工作和外在化的伦理更加深刻（但它一定与这种伦理密切相关），并且在随后几代关于黑格尔作品的革命和反动的含义的争论里，特别在政治层面上，这种伦理会有重大的意义。

不过，那种争论需要以一种不同的限定开始，就是说，尽管黑格尔熟悉亚当·斯密和新出现的经济学说[3]，但他的工作和劳动的概念——我特别把它的特征说成是一种手工业的意识形态——并没有预期工业生产或工厂制度的创新。而且，即使属于马克思主义传统的、有影响的那一部分补充了工作的满足感，并试图把一种肯定的、工人主义的集体劳动的概念意识形态化，仍然不能说黑格尔这里对个体工作和生产的分析很容易转换到工业的境遇。马克思所说的异化的四重性质的概念[4]不可能从黑格尔的作品里推断出来，虽然通过强化否定性的部分有可能把萨特《辩证理性批判》中的辩证看作黑格尔的外在化和内在化观念用于历史本身的一种更激进的发展。

【注释】

[1] 关于主人/奴隶辩证的两个早期的版本都是在 1802—1804 年和 1805—1806 年的伊纳演讲录（即所称的《现实哲学》[*Realphilosophie*]）里构想的。它们分别被翻译成《伦理生活体系》(*System of Ethical Life*,

eds. H. S. Harris and T. M. Knox [Albany: State University of New York Press, 1979]), pp. 238－240 和《黑格尔和人类精神》(*Hegel and the Human Spirit*, ed. L. Rauch [Detroit, MI: Wayne State University Press, 1983]), pp. 191—193。

[2] 关于“承认的政治”，开始最好阅读 Axel Honneth, *The Struggle for Recognition*, trans. Joel Anderson (Cambridge: MIT Press, 1996) 和 Alexander Garcia Düttmann, *Between Cultures* (London: Verso, 2000)。事实上，这一主题揭示出第三种黑格尔，即“民主的”或哈贝马斯式的黑格尔，另外两种是马克思主义的黑格尔和法西斯的黑格尔。

[3] 见 Georg Lukács, *The Young Hegel* (Cambridge: MIT Press, 1976)。

[4] Karl Marx, *Early Writings* (London: Penguin, 1975), pp. 322—334.

第 7 章　内在性

诚然，在黑格尔对伦理学尤其康德的多种伦理学的全面攻击 69
中，对内在性的信念表明它更有力量。（非常重要的是，要把这个哲学分支领域的专门德文术语“道德”[Moralitat]与相关的词“美德”[Sittlichkeit]区分开来，“美德”表达一个历史群体或历史时期的集体价值观，或者还有合乎文明社会的礼仪品德[Sitten]，对黑格尔来说就是精神[Geist]，而不只是个体的伦理。）

我们已经谈到，在某些时刻，黑格尔衡量责任或伦理规则的哲学价值并展现它的矛盾，例如自然和责任之间的矛盾，康德认为那是无动机的，也不会产生乐趣（因为甚至在实现人们的责任中得到的乐趣也是由前者构成的一种有趣的行为，因此还不是一种充分的伦理行为，就是说，不是一种中立的行为）。然而“道德”意味着在自然和伦理的主体之间形成某种最终的统一或和谐。

> 但是，这个过程的完善不得不被推迟到无限遥远的未来；因为如果它真的出现，那么这就要消除道德意识。因为道德只是作为否定本质的道德意识，它的纯粹的责任感只有
> 否定的意义，只能是与责任不相一致。但在那种和谐里，道 70
> 德作为意识即它的实际性会消失，正如和谐在道德意识里或者在道德实际里也会消失一样。因此，完善是达不到的，而是被当作一种绝对的任务，即只能作为一种任务的任务。(446—447/368)

这种两难困境有些像另一种更富激情的或存在主义的困境，即所谓的内心法则的困境，在内心里，孤独的英雄（换句话说，让-雅克）使他自己个人的爱和激情与整个外部世界对立，现实是，

> 一方面，特定的个体受到法律的压制，粗暴的世界秩序与内心的法则冲突；另一方面，人性在秩序下忍受痛苦，人性不遵守内心的法则，而是服从于异己的必然需要。（275/221）

于是个体寻求从它的异化中把这种人性解放出来，寻求把内心的法则作为普遍的法则，在这一点上他自己的个体性消失，他的激情退化到黑格尔大胆地称之为

> 一种自身内在的反常状态，一种错乱的意识，它觉得它的本质存在直接是非本质的，它的真实直接是一种不真实……因此，为了人性幸福的激动变成了疯狂自负的胡言乱语，变成了为避免自身毁灭的意识的愤怒……（280/225—226）

这里显然直接联系到卢梭在《卢梭评判让-雅克》里所表现的痛苦，在那本书里，慈善与妄想达成一种辩证的统一。

在两种情况里，个体的精神都遇到集体性或世界的他者性，并因不可能实现的“法则”概念本身的矛盾而沉没，从而概括了早期那种关于自然内在法则的辩证，关于“力量”或本质及其与
71 现象区分的辩证。“法则”是理智试图通过分离它的不同时刻而思考内在性的一种绝望的努力：从外到内，从后到前，从结果到原因，从实际到可能。其实，实际性（actuality）是个比德语原文“Wirklichkeit”（现实）更中肯、更有用的英文翻译，它在这

里表示整个黑格尔的计划；我们探讨黑格尔内在性学说的最佳方式，就是要理解黑格尔认为实际性已经包含它自身的可能性和潜在性；它们不是与之分离和不同的某种东西，处于某个另外替补的世界或未来。作为可能性这种真实的前景已经存在，而不仅仅是“可能的”。

这种在《逻辑学》里精心论述的辩证处于黑格尔的现实主义的核心，也处于政治和历史的核心。它也是黑格尔必然性学说的另一面，他说哲学是对必然性的研究，但有时似乎也对必然性提出一种回溯性的看法——著名的密涅瓦的猫头鹰在夜幕降临之后才展翅飞翔*——然而又坚持哲学只能与“实际东西”相关。[1]但所有这些看法似乎都排除未来，并以这种或那种方式把现实展现为时间的现在，其中不可能有激进变革的概念。

实际上，这是辩证哲学的一个悖论式的结果；但是，黑格尔本质上的保守主义，他所谓对普鲁士现状的辩护，常常被加以可能的论证，而且，即使论证不能被证实，反驳也必须带有某种有说服力的论证，证明黑格尔的内在性在什么情况下可以说是加强了革命的精神状态，而不是阻碍了它，或者强化了某种无能为力的冷漠，也就是他自己所说的“怠倦性”：“怠倦的精神活动不再在自身内部创造独特性”（424/349）。然而，从著名的口号“真实的就是理性的，理性的就是真实的”（它显然比旧的三段式更好地说明了黑格尔主义的精神特征）还可以期待什么呢？有一个 72
不足信的故事说，学生海因利希·海涅在演讲结束时走向大师，不太礼貌地问黑格尔是否他的原则方式相当保守。据说黑格尔朝

* 密涅瓦是罗马神话中的智慧女神，密涅瓦的猫头鹰象征哲学家。黑格尔的名言“密涅瓦的猫头鹰在夜幕降临之后才展翅飞翔”，意思是哲学只有在事后才能理解历史。——译者注

下看了看这个自命不凡的家伙，然后说，“因为你明显是个聪明的年轻人，我只对你一个人说明隐蔽的意义，那就是，真实的必然变成理性的，而理性的必然变成真实的”。

实际上，正是在这种意义上，左派一直理解黑格尔的学说，从而加强了他的整个著作的政治含混性，并再次提出时间性的问题，以及历史变化与黑格尔的内在性学说的兼容性问题。如果真实的必然变成理性的，那么我们显然会回到康德的伦理原则的世界，而黑格尔的所有严厉指责都转向他自己的观点。事实上，这样读黑格尔——马克思在他的学说里肯定了这种阅读——未来就已经是现在时间内的存在，现在已经内在地是它“应该”拥有的未来。历史变化是存在的，但它是系统的变化；它是在伟大的黑格尔的“形态”之间的运动，它们预示了后来关于社会总体性、关于认识甚或关于生产方式的构成的概念。

这并不是说这种总体性的概念不再有含混性，因为，肯定未来已经潜在于现在，一方面可能表示未来已经存在，只是在现在之内等待着被分离出来，就像雕像等着从雕刻家的大理石块上分离出来那样；同时也可能只是表示无论如何未来已经以非实在的主体的希望和渴望的形式存在，而希望和渴望永远不会实现，因为“未来永远不会到来”。

任何人都不可能把黑格尔主义从这种深刻的结构的含混性中拯救出来，因为这种含混性明显不可能与对立统一分开。但是，对工作和活动的社会精神的强调至少倾向于从实践方面对它衡量，正如黑格尔在前面对宗教世界的讨论（在论“不幸的意识”那部分）中的一个惊人的时刻非常清楚地表明的那样。黑格尔讨论的是中世纪现实生活的内部分割，其中“意识只发现自己在欲
73 求和工作；它没有意识到发现自己以这种方式活动意味着它事实上是确信自己，它对异己存在的感觉是这样的自我感觉”（170/

132)。接下来是一种迸发式的令人惊奇的论述，其中黑格尔断言实践的现实胜过任何宗教对现实的无知或者对它的压制：

> 事实是，不可改变的意识放弃并屈从于体现它的形式，同时，另一方面，特定的个体意识［对这种才能］**给予感谢**，即**否认**自己满足于意识到它的**独立性**，并把它行动的本质不是归之于自身，而是归之于外物，通过两方面**彼此放弃**的这两个时刻，意识肯定觉得它与不可改变性是统一的。但是，这种统一同时也受到分割的影响，在自身内部又破坏了这种统一，并从中再次产生出普遍性和个体性的对立。因为，虽然意识放弃对满足它的自我感觉的展现，但它获得了实际的满足；因为它曾经是欲望、工作和欢乐；作为意识，它**希望过，行动过，欢乐过**。同样，甚至它的**给予感谢**——它承认另外一方是实质存在而自己等于虚无——也是它与另一方的活动达至平衡的自己的行为，符合以可能的行动自我牺牲的善行。如果另一方只是把它存在的**表面**带给意识，它还是表示感谢；在放弃自己的行动时，即放弃它的**实质**存在时，它实际上比另一方做得多，另一方只是露出它自身某个表面的因素。因此，整个活动不仅反映在实际的欲望、工作和欢乐里，更反映在那种造成颠倒的给予感谢的行为之中，反映在**极端的个体性**里。意识觉得自身在那里是这种特殊的个体，并没有让自己被自己看似放弃的行为欺骗，因为问题的真相是它并没有**放弃**自己。这里出现的只是两个方面的双重反映；而结果是重新划分对立的**不可改变**的意识，希望、行动和欢乐的意识，以及面对它的自我放弃本身；换句话说，就是整个**独立个体**的意识。(172—173/134—135)

【注释】

［1］G. W. F. Hegel，*The Philosophy of History*，trans. J. Sibree（New York：Dover，1956），p. 87；以及 *Elements of the Philosophy of Right*，ed. Allen W. Wood，trans. H. B. Hisber（Cambridge：Cambridge University Press，1991），p. 23。

第 8 章　集体精神（《安提戈涅》，或一分为二）

现在我们必须越过那条看似确定的界线，即把论述意识和个 75
体性的章节与明确关注精神或者说集体生活本身的那些章节分开的界线。但是，事实上，这条界线也以回溯的方式清楚地表明，前面的章节在多大程度上已经或明或暗地是人际之间的，甚至在某些情况下是社会的。例如，必须回到主人/奴隶的辩证才能判断在什么程度上这一“时刻”应该被看作历史事件，在什么程度上它是一种持续的结构。这两种观点是否可以以某种方式辩证地结合起来是一个悬而未决的问题——就是说，它是一个我想否定地回答的问题。

因为作为事件，主人/奴隶关系导致的斗争可能是某种神话似的东西，就像某种社会契约的概念，似乎其中会产生预示；换言之，它是一种关于根源的叙事，在那种意义上，无论它可能成为其他什么，它似乎都是一种不适当的哲学思维的形式，而更令人怀疑的是它具有真正的修辞或再现力量的程度。（应该注意的是，卢梭的作品里有两个这样的神话，除了他的契约根源之说，我们发现他在《第二话语》［*Second Discourse*］里谴责私有财产：“不论谁第一个说，这是我的……”）诚然，可以认为这样
一种关于根源的叙事只是一种转义（类似系谱中相反的转义）， 76
一种连接和再现某种结构而不是要求展现事件的方法。但在这一点上，似乎不可避免地要参考关于这一插曲最有意义的评论，即亚历山大·科耶夫的富有历史影响的评论，他的演讲

（1933—1939）在许多方面构成了一种惊人的对黑格尔的再创造，由于它涉及许多方面，这里不可能详尽地进行探讨。只要说一点就够了，即科耶夫的解读不再是我们今天的解读，因为境遇完全不同于漫长的冷战境遇（1917—1989）；但是，它有助于连接多种主题和解释，而在解释中我们一定把自己与他区分开，特别是归之于他的“历史的终结”一说，它最近又被复活了。

实际上，科耶夫预言了两种而不是一种历史的终结。其一是，美国与苏联联合具体实现黑格尔所称的一个“普遍的和同质的国家”的前提：某种被解释为一个无阶级社会的开始的说法。但是，只有“阶级”被理解为一个纯粹的社会概念并围绕承认的概念重新加以限定（如科耶夫所做的那样）才可能是如此。只有我们把这个决定性的时刻理解为贵族及其文化的消失（以及农民的消失），才能发现科耶夫论断中更深刻的历史真理。事实上，我们现在知道，欧洲古代政体直到 1944 年才完全消失，那时红军进入仍然是半封建的波兰和东普鲁士（根据其他战后世界编年史，这个阶段基本上与农业变革一致）。[1]我们所说的阶级文化甚至阶级意识本身，似乎依据的是资产阶级在它与封建贵族的对立中的自我定义，当这些贵族消失时——或者在像美国这样的地方他们一开始就不存在——出现了一种相当不同的社会—文化形
77 式，它常常表现出这样一种倾向，即用“中产阶级”这个非经济特征的术语代替资产阶级。这种新的普遍的主体——今天在后殖民世界上到处可见——是民主的，但不是在每个个体此后都得到“承认”的意义上（如科耶夫有时所暗指的那样［145—146］），而是因为每个个体要求同样的承认，要求取消特殊地位和特殊权利的平等，这也可以说是一种平民阶级的意识，它应该在今天世界上所有的居民中存在，而不只是存在于美国“下等中产阶级”

或后苏联（后社会主义）的大众之中。中国也是如此，在“文化大革命”以后，它形成了一种被剥夺了旧的前革命映像的居民；印度对属下性的理论阐述也把另一种这样的“同质的和普遍的”个体性作为它的目的（这显然与新世界体系中急于赚钱的情形是一致的）。不过，重要的是不能把这种后来的文化精神与经济的社会阶级概念相混淆，既不能把阶级斗争的终结归因于这种文化精神，也不能把在政治层面上新出现的某种激进的民主冲动归因于它。至于科耶夫在他对“历史的终结”的理论阐述中被认为也预示过的革命和意识形态的终结，非常清楚的是，这些在全球化和后现代性里都不会采取它们在历史上采取的形式，在当时的世界上古代政体的残余仍然存在（换句话说，它们处于我们仍然称作现代性的时期）。

科耶夫从理论上阐述的另一种历史的终结是在他对绝对精神的解读中形成的，他希望像他描述拿破仑那样（我们会回头再谈）以某种拟人化的方式再现绝对精神。事实上，并不完全清楚是否拿破仑的胜利（或者后来斯大林的胜利，或者再后来科耶夫认为的戴高乐的胜利）意味着叙事的高潮和革命过程的完成，是否那个过程最高的寓言式实现不在于最终的哲学体现，即科耶夫在理论阐述中所说的哲人（实际上人们也许感觉到他在两者之间的犹豫，在某些地方两者结合为传统的哲学家王）。科耶夫肯定 78
是对的，他不断提醒他的学术公众拿破仑的形象对《现象学》至关重要，而对黑格尔来说，这种形象内部承载着法国大革命所有美好的前景。我们不应该忘记，黑格尔写这本书时远在拿破仑衰落和欧洲反击出乎意料的胜利之前，而那种反击是他后来余生中一直要面对的；这种情形正好与科耶夫本人的情形相似，他的演讲也是在斯大林的权力和前景的巅峰时期（远在他转向戴高乐主义继而转向欧洲联盟之前，更不用说对苏联的幻灭）。但是，关于哲人，我觉得对于探讨绝对精神的时刻非常重要，因为它不是以任何特殊的拟人化的人物或“中心主体”体现的，更不用说自身具体化为一个分离的历史阶段或时刻。

由于这些限定，我们可以回到科耶夫对《现象学》的开拓性的再解释，但首先我们要更直接地接受它的精神本身的概念：“由于这种［自我意识］，”黑格尔说，仿佛他想到现在的探讨，“我们面前已经有了精神的概念。意识前面仍然存在的是对什么是精神的体验——这种绝对的实体是不同的独立的自我意识的统一体，在它们的对立中，自我意识享有完全的自由和独立：‘我’就是‘我们’是‘我’”（145/110），这种情况在其他地方被说成是“它的个体性与普遍性的协调一致”（165/128），而这显然是过于简单的一个公式，对它我们最好保留我们的不满，同时要记住我们已经把普遍性等同于语言，而不是等同于某种物化的被想象为社会总体性的实体。

确实，这种“协调一致”决不应根据旧式的个体与“社会”之间的斗争来理解；而应该看作在早期阶段社会作为实体尚未真正联合起来。事实上，这就是著名的“安提戈涅”一章使我们看到的东西，它用作三段中的第一段——城邦的出现，现在被认为是前
79 现代社会甚至是部落社会——但在三段中排除了中世纪（“不幸的意识”里已经提到），直接跳到君主专制政体时期的世俗（或新出现的“现代”）社会，然后是1789年的法国大革命阶段和旧政体的终结。

我不想详细评论黑格尔对索福克勒斯戏剧的解读，那种戏剧已经引发出一种复杂的至今仍然充满活力的传统[2]，我确实站在追随后期黑格尔的那些人一边，坚持安提戈涅和克瑞翁的地位必须平等，坚持悲剧意味着它总是预设两种互相毁灭的力量之间不可解决的历史冲突。因为，根据黑格尔的解读，不仅克瑞翁自己

和他的受害者一起毁灭，而且随着二人的毁灭城邦本身的形式也不可挽回地崩溃了（必须让位于那个非常不同的、由单独一个胜利的城邦扩展成的罗马帝国）。因此，这个名为《安提戈涅》的悲剧是对历史本身的一种沉思，带有最不可调和的独特性，这个时刻不可能出现联合，乐观的神正论也不能包容它，甚至国家本身胜利的故事也不能；《安提戈涅》证明存在的问题无法解决，如此也就使黑格尔作为一个目的论的思想家的神话完全得不到证实。

但是，黑格尔的解读最有启示的辩证特征不是在于它的高潮，而是在于它的出发点。阿兰·巴迪厄一再坚持黑格尔政治思想中可以称作毛主义的一面，特别是这位哲学家对格言“一分为二”[3]的支持。实际上，对于这一惊人的主张最直接的证据出现在政治学说里，其中黑格尔提出了一个更惊人的观点，即政党通过内部分裂得到加强——这种观点会使任何有实际政治经验的人感到震惊，在实际政治里，对团结一致的诉求经常压倒对意识形态纯粹性的要求。黑格尔的意思可能是，内部分裂或分派表示冲 80
突的内部化，否则那种冲突可能仍然是外在的并对抗两个根本不同的群体。然而，现在是同一个群体对某个给定的问题发生了分裂，因此能够以一种不同的、更满意的方式进行适当的处理。他似乎没有预见到那个无限分裂的过程，分裂为越来越小的群体或派别，而这种情况在美国和其他地方的左派政治中是非常明显的；另一方面应该记住的是，这种内部分裂的过程会被辩证地联系到君主政体本身那种纯形式的统一（还有政党——迄今对它的典型谴责是“宗派”——此时在西方仍然处于发展的早期阶段）。因此，这种最初在实际政治中对“一分为二”的推崇可以看作以一种内在差别取代先验差别的努力。

这里与我们相关的原则例示应该说是社会的，如果你愿意，也可以说是鲁曼所称的区分的实例。实际上我想论证的是，《现象学》的“安提戈涅”一章所提供的原始的对立，应该被理解为一种这样连接起来的社会的出现。在黑格尔看来，似乎我们必须把那些先于有组织社会的最初的人类集体仅仅想象为“简单的实体”：它们还没有连接起来的内容，因为内容只有通过区分才能产生。这种社会群体有些像是那种抽象的理性或抽象的统一体的集体对应物（这种理性和统一体我们已经在类似认识论的意识修辞中遇到过），也有些像是只有一个个体（专制君主）存在的帝国的集体对应物。

但黑格尔的格言——我们前面已经引用过——具有某种否定性，就此而言它基本上就是分裂（他的蔑视是针对那种“不是差别的差别”，而那种差别因此“并不造成差别”）：“精神以其简单的真实就是意识，迫使它的要素分离”（327/266）。他根据意识和自我意识之间的对立来解读社群中的第一个阶段；但正如我
81 们看到的，这只是纯形式对立中一种可能的主题化，在我们当前这一章里它很快会被一种不同的主题化代替。

> 精神以其简单的真实就是意识，迫使它的要素分离。行动把它分为实体和实体的意识，既分开实体也分开意识。实体作为普遍性的本质和目的，坚持反对个体化的现实；无限的中间项是自我意识，它是自我意识和实体的隐蔽的统一体，但现在变成了明显的统一体，并把普遍性的本质与它个体化的现实统一起来。它把后者提升到前者并以伦理的方式行动，它把前者降低到后者并实现目的和实体，而这种实体只在思想里存在。它使它自身和实体的统一体作为它自己的工作存在，并因此作为实际的存在。
>
> 在意识要素的这种分离中，一方面朴素的实体保留了与

> 自我意识的对立，另一方面在其自身当中同样展现出意识的性质，即在其自身内部把自己展现为一个连接它的［分离］部分的世界。于是它把自己分裂成不同的伦理实体，分裂成人的和神的法则。与此相似，面对实体的自我意识按照自己的性质为自己指定了这些力量之一，而作为认识，它一方面不知道它做的是什么，另一方面它又知道它做的是什么，但这种知识对理性来说是一种靠不住的知识。它通过自己的行为了解到那些力量中的矛盾，实体把自身及其彼此间的破坏分化到这些力量之中，就像它对自己行动的伦理特征的认识与它自己本质中的伦理之间的矛盾那样，因此它自己也会遭到破坏。不过，实际上，伦理的实体通过这个过程已经发展成实际的自我意识；换言之，这一特定的自我已经变成了它本质上是什么东西的实际性；但确切地说，在这种发展中伦理的秩序遭到了破坏。（327—328/266）

因此，我们开始读“人类法则和神圣法则”之间的对立时，82
决不能把它作为国家和分裂社会的家庭或氏族之间的斗争，而应该首先作为最初连接社会初次大区分而使社会本身形成的分工，如武士对神父，或者城市对部族，甚或外部对内部。这里日常生活的经验法则发现它们自己被神圣法则和戒律的“超越”变成了双重的：神圣法则仿佛发现它的经验所在是家族世系，而世俗的力量则在官邸里生成。每一种这些幼小的力量都生成另一种力量并强化其对立面的独特性：人类的法则没有神圣的法则不可能出现，反之亦然。对于认为非统一的社会以某种方式与成功和持久 83
的社会相对立的那些人来说，这将是一个悖论，因为黑格尔这里确切的观点是社会形式的道德观点。他所肯定的是，虽然那种矛盾使城邦分裂，把它毁灭，使它先受到马其顿的攻击，后又受到罗马帝国的攻击，但这种矛盾与最初使它成为一种可见的结构的对立是一样的。城邦的独特形式也是最终毁灭它的东西；我们在后面会论证这点，不仅因为这与真实情况相关，而且还因为这种辩证本身应该从持续扩展方面来理解。

不过，此刻很容易理解的是，黑格尔对《安提戈涅》的迷恋——不论他对这个人物本身如何评论——与技巧有关，通过熟练的技巧，索福克勒斯能够把对立的两方面置于单独一个家庭的统一体里：对国家的体现和对下层社会法律的体现是叔叔和外甥女（这是一致性内部的一种差别，它会吸引后来的读者以及同一作者的《俄狄浦斯王》的观众；它还会诱使人们思考叔叔的整个戏剧性的潜力——如在《哈姆雷特》和母权制的人类学里那样）。与此同时，这种再现内部性质上的差别——如倾向于赞扬安提戈涅并认为克瑞翁是国家权力的相对软弱无力的体现所证明的——本身就表明了这里不一致的两个方面的不可比性：克瑞翁的严厉和踌躇的结合显然非常不同于安提戈涅的英勇的决定和抑郁，就像美不一定不同于丑，而是不同于笨拙和粗鲁，不同于漫画和礼仪修辞的外在性。这就像两种根本不同的再现方式被安排在单独一种再现的构想里，通过显示单是风格的区分表现出它们更基本的结构变化。

但是，这里一致性和不同的辩证也与所有的层面交叉：正是社会实质划分的两个层面的原始统一性，使它们在一个统一叙事
84 的内部得到再现；同时正是所说的不可调和的力量彼此彻底分离，在再现的表面形成张力并产生出不一致，从而表达出悲剧矛盾统一的意义。城邦的脆弱完全在于它把这两种独特不同的力量和方面结合并使之内在化的能力，它们最终导致它四分五裂，因为它们反对旧的神圣社会或更现代的世俗国家，而后者不包括同样的、致命的张力。

同时，重要的是应该记住，城邦的瓦解意味着那种表现其矛盾的特殊的主题化或内容也已消失，因此，虽然后来会有《安提戈涅》展现的那种人类法则和神圣法则之间对立的类似结构，如革命前（18 世纪）启蒙和信仰之间的冲突，但这种相似——沿袭没有主题的变化观念——决不应被具体化为某种更一般的或全球性的关于宗教的观点，而应被历史化到某个特定时刻，其时每一种对立都变成独特的单一性。由于要保持对这种方法论观点的信念极其困难，所以它不仅是读者/解释者的难题，而且也表明黑格尔自己面临的更加巨大的形式问题：他必须以某种方式使自己的分析具有内容而又不使内容持久化，使它让成倍地增加的对立进入主题而又不使那些对立中的任何一项强化成一种特殊的哲学观点。同时，他还必须把这种对立的辩证运用付诸实践，但又不使它具体化为下面的情形，如像它在结构主义学说里做的那样，或者像在表示它的辩证特征时它可能做的那样（我们会看到，他尽量避免使用“辩证”一词）。

正如已经看到的，这是些没有明确条件的差别，但人们也可以把这种方法说成是以解构的方式回避明确的主张，或者法兰克福学派对各种实证主义和肯定观点的怀疑（对法兰克福学派来说这些是“意识形态的”，对黑格尔时期的哲学家来说它们是“教条的”）。迈克尔·福斯特的《黑格尔和怀疑论》（*Hegel and Skepticism*）对所有这些提供了一种有些不同的、陌生化的论述，它颇有帮助地论证了黑格尔的理性批判（或外在化和具体化的思 85
想）与古代怀疑论的均等之间的密切关系，那种怀疑论为自己设定的任务是发明最有说服力的论证以反对任何肯定的立场或观点。

对照这些方法论的相似性，我们也必须确定黑格尔自己的格言，即主体性总是分裂的；或换句话说，它通过分裂自己必然总是变成具体的，就是说，它必须使自己具有某种特定对立的主题内容。换言之，我们不可能通过坚持不确定性来实现这种反对肯定性的规定，我们必须使自己服从确定性，通过这种特定的内容和主题才能到达另一面——我觉得这就要求我们把这种辩证与解构主义更绝对的怀疑论区分开来。实际上，我们发现，如果较长时间观察一个给定时刻的对立的各项，那些对立的各项就会自行消解，并一定会产生出新的对立项。但这个流动和不断转换及分裂的过程，本身决不能被具体化为一种哲学或社会学的概念，如像鲁曼对他命名的区分概念所做的那样（他随意地承认他的概念与传统的辩证法密切相关）。[4]

同时，更困难的问题不在于一个给定对立的消解及其历史地转变成另外某种东西，而是在于整个过程的开始，换句话说，我们是否会像我们自己这里的评述所可能表明的那样，想象在《安提戈涅》的矛盾之前，社会或精神是一种无定形的统一体，“没有形状和形式”？那将是一种神话的叙事，因为总会有某种性质的社会秩序（或毋宁说，因为从来没有集体的起源，就像没有语言的起源一样）。这是一个只有“假定”的概念可以有效地论述的难题，因为，正如我们总是假定一个无名的客体以及我们刚刚论及的名称或观念的先在性，所以就历史的时间性而言，我们也总是假定一个无形的客体的先在性，而这种无形的客体则是我们
86 新形成的社会和历史阐述的素材。在这种文本阶段，黑格尔求助于明显是他那个时期的科学术语。因此，一方面，在“观察自然”时他谈到“本质……只能作为一般概念，正如它们在真理中那样；因为这种自我—实质，它们得到‘物质’的名字，它们既不是身体也不是特征……”（195/153）。另一方面，在更具社会—历史性的语境里，他使用了“大众”（Massen）一词：

> 本质自身的特征不是偶然的确定性；相反，由于本质和自我意识（这是唯一不一致的根源）的统一，它们是通过渗透群体的统一性生活连接到群体的“大众”……（321/261）

最后，在世俗化（或现代性）形成的更关键的时刻，我们得到一种复杂的、寓言式的对元素的偏离（“以同样的方式，自然在空气、水、火和土等宇宙的元素里展现自身”［366/300］）。

我认为，这些比较初期的特征旨在表示它们自己也是初期的（因此它们也是作为自我指涉的寓言的条件，寓言文字的含混性也是想表达它们假定的事物的含混性）。它们所表示的东西今天可以被理解为社会“水平”，这个词与黑格尔的不同，它的不利之处是过于确切，可能变成一个概念或某种社会理论。因为所有这样的词都服从于一种回溯性的悖论，它是产生客体余象的表述，但结束了对客体的命名（当然，在命名之前它不会以那种形式存在）。正如黑格尔所说，“自我只有作为超验的自我才知道自己是实在的”（365/299），这里术语“aufgehoben”（结束）表示的恰恰是这种构成主义的类似时间性的悖论，它通过在概念上最初使客体形成的东西假定一个客体。

如果你愿意，物质—形式的对立也可以有效地用于这里，只是要把它置于括号里。因为这种叙事—时间性的悖论（或单一 87
性），不仅是对神话原始叙事的批判抵制所提出的问题的解决（像荷尔德林的原始分化的概念，今天许多哲学历史学家把它本身作为德国客观唯心主义的神话起源[5]）；它还是对新出现的特殊历史形式以回溯方式使迄今无形物质成为存在的这一问题的解决，而特殊历史形式是由无形物质造成的。这是一个悖论，毫无疑问只有在当代哲学里它才如此被概念化，但根据这种特殊的解读，它似乎可以归之于黑格尔本人，作为对他通常被指责的那种

“目的论”的替代。

黑格尔在组织结构上的斗争性完全在于抵制二元对立的物化力量，同样也在于对二元对立的运用。这里已经说过的东西表现出重复，就是说，正是在这种对立的增加中那种非物化的策略才最为成功，因此，黑格尔的下一章，对世俗性（“自我—异化的精神”）充分展开分析的一章，以贵族（按照尼采的方式，也被理解为“贵族”或“好人”的产生）和新生的君主制度之间的对立开始。但是，这种多样性和一致性的辩证也重复中心和边缘之间的辩证，它很快演化成某种相当不同的东西，即一种新生的国家权力和财富之间的矛盾。同时，这些变化的对立随着它们前后相互作用也变成各种对立之间的对立，它们通过某个全新的实体的横向交叉变得非常复杂，而这个实体就是语言，语言本身是所有它们内部和之间的一种第三项或者不稳定的中介，于是，封建贵族与同类首领即国王的关系是商议的语言关系。朝臣与绝对君主（路易十六）的关系将变成奉承的语言关系；同时，18 世纪整个财富对国家的抑制打开了《拉穆的侄子》中那种兴奋发狂的语言的大门，在那部作品里，奉承意外地夸大成模仿、艺术天才和
88 萨德式的犯罪。为了方便起见，我们把这种奇特的变幻无常的现象命名为语言，把它最后的体现作为革命的启蒙运动的绝对否定性与语言或文化（教育）本身的结合，而它对现实的破坏在某种程度上可以比作古代怀疑论对理想的破坏。如果这一章的历史参照从偶然性和可以普遍化的单一性方面划分它的阶段，那么表示其各种矛盾的对立的节奏会使我们获得一种哲学抽象的模式，获得一种我们不可能满意地完成的形式化的辩证。实际上，这里本质的东西是历史和抽象—哲学之间的那种张力的持久化，而不是以这种或那种方式对它的解决。同样，我们必须抵制把这种复杂性转变成纯粹的历史事实——黑格尔告诉我们，历史总是表明偶

然性本身的必然性——还必须抵制把它们归纳为纯粹的形式主义概念，例如鲁曼的“陌生化”。

当这种构成性的张力在任何一方面被有倾向地物化时，“主题化”这一术语再次提供了一种有用的记录这个时刻的方式。但是，坚持对张力和矛盾的信念并不是容易做到的，并不是像后现代“怀疑一切”那样舒适轻松，这可以通过马克思主义读者把阶级斗争置于黑格尔的这一框架所产生的问题加以判断，因为阶级斗争肯定使我们觉得它是一种非常突出的主题化，是哲学（马克思主义的）或方法对后现代理论的胜利，但确实不是对一种真正关于社会的形而上学的遮蔽。可以理解，马克思主义者不愿意为了形式主义的观点——例如拉克劳和穆夫（Laclau and Mouffe）的观点——而放弃阶级斗争的首要性，在形式主义观点看来，阶级或经济有时可以是政治斗争的决定因素，但有时又不是，因此这些马克思主义的主题“最终决定的情形”在哲学和政治上都不可接受。当我们面对关于主人/奴隶对立的论点时，这个问题在黑格尔的框架里会变得更加中肯，因为主人/奴隶的对立是黑格 89
尔对阶级斗争的刻写，因此也是他公开对马克思主义的或然性的期待。

通过这样对主人/奴隶矛盾的解读所提出的文本问题提供了一种选择：一方面可以把奴隶理解为在一个可知的编年史里的特殊的历史境遇（例如在古代城邦里出现了富人和穷人的对立）；另一方面是科耶夫的假设（没有文本证据），即主人和奴隶的对立在整个其余的历史中一直持续，包括黑格尔更明确的、主要作为音乐基础低音的历史参照，都可能通过总谱中各种新的主题事件而继续下去。我认为，通过指出承认概念本身的两重性或矛盾心理可以解决两方面之间的争执。

因为肯定可以论证的是，主人/奴隶的结构一直持续到进入围绕《拉穆的侄子》的发展，在那本著作里，富有的贵族和温和的食客之间的关系增加了新的特点和新的可能性。食客——拉穆本人——无疑必须以他的智慧和创造性努力工作来满足贵族；然而贵族对他的随从的暗中依赖也明显地表现出来，特别是如果没有和他开玩笑的人，没有他需要的消遣以及各种服务，没有这种独特的奴隶不知疲倦地提供给主人的那种非常重要的、无休止的奉承，贵族会感到无限厌倦或无聊。不过，我们对《现象学》整个文化部分的探索并不是徒劳的，现在我们明白，尽管语言被突出为一种基本的社会中介，我们也必须区分这种文化“工作”和旧时那种奴隶提供（并仍然在提供）的物质劳动。

非常明显，这种矛盾心理预示了传统马克思主义对基础和上层建筑的区分：福斯特对它在“承认”概念中的存在进行了极有说服力的论证，福斯特表明，在《现象学》里，主人/奴隶这个阶段应该在更大的语境里来理解，即黑格尔对历史上城邦分裂（或也可以说是对现代性的出现）的连续解释的语境，这样，通
90 过主人/奴隶对立的解释就带有早期论基督教著作中对富人和穷人的阶级区分（以及在后来著作中对意识和自我意识的区分）。[6] 然而，在《现象学》的基本阐述里已经非常清楚的是，随着争取承认而出现的是劳动和生产以及对雇主和工人的结构区分：如果认为在某种辩证的意义上承认的斗争从未完成，那么承认和阶级斗争实际上最后将是一致的。

因此，问题可以从另一个方面来进行探讨，这就是对承认的政治进行批判，对坚持阶级政治与承认的概念所隐含或伴随的各种身份政治根本不同的看法进行批判。这并不是说承认总是一个自由宽容的问题，实际上我想论证的是，在当代思想里，黑格尔这种主题的高峰应该在弗朗兹·法侬的“拯救性的暴力”概念里发现，这个概念由萨特的作为冲突的他者性的概念发展而来，它

假定了第二阶段的主人/奴隶的斗争，在这个阶段的斗争里，奴隶起来反抗主人，以可怕的方式强制承认，颇符合黑格尔最初文本中的精神实质和字面意思。但是，法侬是从殖民化的境遇中说的，这里的行动者——殖民地主体，帝国主义主人——很容易等同于阶级对抗者。在当代或后现代身份政治里，承认会保证迄今受害或被压迫的群体在一个仍在继续的社会体制内得到一种新的对手的地位，而且大部分是共同存在（如果不是有组织的分离）而不是同化。

那么，在什么程度上，阶级斗争可以以其更经典的形式被理解为某种黑格尔式的承认斗争？处理这一两难困境可能的和相对经验主义的一种方式是，把它嵌入阶级概念本身之内，并尊重理论上警觉的历史学家在阶级本身和为了自身的阶级之间所观察到的（用 91
某种通俗的“黑格尔的”方式）区别。这种区别重新调整了围绕阶级意识形成而出现的问题（按照 E. P. 汤普森［E. P. Thompson］的说法，阶级“形成”作为一种自觉的政治力量），一方面不是根据阶级划分和功能的结构事实，另一方面也不是根据已经形成的阶级意识中的文化和上层建筑的现象学。这第二种区别在很大程度上是传统马克思主义的基础和上层建筑的对立，而对形成的强调也许可以作为两种不同传统之间的同样传统的协调。

然而从那种旧的观点看，黑格尔的承认似乎会落到社会划分的文化的或上层建筑的、现象学的一面，有可能取消更具体的经济剥削和生产结构本身的实况。事实上，很可能会提出这样的问题：在什么程度上阶级意识首先是一个承认的问题？极不清楚的是，工人阶级意识的力量是否依赖于它对老板的承认？对于它的对立面，人们可以找出一个更有力的实例，即统治阶级意识，当最初注意到工人阶级出现的威胁时，它一般作为一种政治计划存在，其情形是统治阶级意识——按照黑格尔的说法，就是承认奴隶是一种存在和一种危险——先于作为一种有组织的意识形态的主人的意识。但这也许是低估了对立的阶级意识那种另外形式的存在，这种阶级意识先于工业劳动的出现，自身的表现是愤怒地反对等级制度和地位高的人的傲慢，反对精英们的高傲和卖弄，以及强制实行种姓似的区分和禁令。从一种观点看，这种强烈的、实际的阶级愤怒远比某种现代工人阶级的意识更是“文化的”，而且明显包括与它自身内部他者的斗争，因为它假定在它自己的结构内部存在着阶级敌人的交互作用——贵族构成的傲慢。对精英们自己来说，这种意识的等同也许被认为是势利，一
92 种更温和但同样是人际间的阶级感情。我自己的感觉是，这些由憎恨和厌恶推动并贯穿所有早期文学的基本的阶级感情，在工业资本主义时期种姓等级被阶级取代之后，只能变成“文化的”或狭义的上层建筑的。但是，它们肯定继续存在，人们仍然可以看到它们的特征，比如在为了社会平等的激进的民主激情里，还有在通过调解满足特权愿望的诱惑里，在这些情况里，旧的贫富之间的对立还没有被那种根据剥削的阶级认同取代——换言之，在这些情况里，社会等级制度的观念还没有被经济结构的意识取代。

关于这种二重性的阶级本身和为了自身的阶级的基本矛盾心理，同时也可以解释为什么主人/奴隶的结构（如果像科耶夫论证的那样，它在黑格尔的各个“阶段”或历史形态中存在）本身并不总是看得见的。如果回到音乐的类比，这种结构就像一个和弦，它在不同的时刻降入和谐的基调，在旋律安排上与看似无关的发展交叠，然而总是出现在返回和重起的点上。如果我们把这个时刻转换到它绝对的范畴结构之中，那么这种持续性会更加清楚，而且不会看不到它的具体的社会内容。于是，主人/奴隶的辩证应该理解为本质和非本质的一种运作，但它已经是一种对立

的统一，因此，不言而喻是本质一方的主人，总是暗中受到它自己更深层的非本质性的威胁，受到奴隶的本质性工作、畏惧和生产的威胁。这种辩证的矛盾心理显然也出现在《安提戈涅》里，在这个剧本里，看似本质的国家权力被安提戈涅的本质性牺牲取代和颠覆了。但是在这里基础阶段的其他特征或层面已经开始转换，因为，虽然安提戈涅本人仍然处于自我意识的地位，但她是与家族和家庭的私有领域一致，不再与工作或生产本身一致。

因此，在世俗化的漫长历史里，这种转变以令人眼花缭乱的方式被持久化了，在这种转变中，贵族先是本质的，然后是非本质的，他们被新的皇室中心取代，而皇室本身也慢慢地被金钱的 93
中心性排挤出去。奴隶的地位现在变成了纯粹的谄媚，先前的封建贵族变成了凡尔赛宫纯粹的食客和弄臣，他们的作用在 18 世纪被正式认为是职业性的奉承者，在《拉穆的侄子》里被戏剧化了。奴隶的生产——只是在讨论客体本身时对它的高超手艺略有赞扬——现在变成了看不见的社会生活本身的基础：日常劳动被认为是想当然的，因此资产阶级哲学也不把它主题化，只有一种例外的形式我们将在后面讨论。例如，在倒数第二章启蒙和信仰的斗争中如何发现它？

如果我们考虑两者都是“精神的”实体，就是说，都是意识的修辞而不是权力或统治的修辞，那么我们很可能发现自己承认两者都可以占据奴隶在结构上的地位：信仰，因为基督教本质上首先是一种奴隶的宗教，由于注重不可改变性（在“不幸的意识”里），它肯定占据非本质性的地位；启蒙（“纯粹的洞察力”），因为它的《百科全书》试图纳入整个实践知识和手工业，可以对当时的艺术和科学提供一种工作指导（甚至哲学家的地位——狄德罗的“我”——也因它与食客拉穆的辩证关系而受到影响，拉穆在纯粹的智力、自我意识和实际知识方面战胜了他的对话者）。

但是，要强调这第二种选择，就要把法国大革命变成类似反抗牧师权力及其皇室同盟的奴隶起义，就会丢掉黑格尔最撩人的次要情节或各种变体，这就会再次把我们带回到语言的主题。当然，语言一直贯穿着这些历史发展，既存在于贵族的奉承里，也存在于拉穆自己的奉承里。然而现在，在启蒙运动里出现了一个转折，其中语言被说成具有传染的特点，带有某种病毒或病菌。
94 最初，这种奇怪的比喻只是一种强调的方式，强调口语容易被曲解（如说“你不能像闭上眼睛那样捂住你的耳朵”），媒体本身具有不可抗拒的人际性：“说话的‘我’本身被听到或看到；这就是一种传染，在这种传染里，它立刻与那些觉得它是真实存在的人形成统一体……”（376/309）到目前一切都不错，但是，惊人的术语不会因语言与意识本身变幻无常的否定性的密切关系而有所缓和，意识（如在怀疑论里）采取“一种不稳定过程的形式，它袭击并渗透‘手边事物’被动的本质，［消除］据称持续反对意识的一切客观的东西”（393/323）。它像是信仰力图消除这种不稳定的普遍否定性的一个平静的、顽固坚持的统一体，而正是进入这种斗争语言才再次作为共同的因素进行决定性的干预，这就解释了为什么“它们之间的交往是直接的，它们的给予和接受是不受阻碍的相互进入的流动”（420/331）。语言现在变成了类似哈贝马斯的“公共领域”的东西，并且

> 正是根据这种解释，“纯粹洞察”的交往才可以比作一种默默的扩展，或者比作在无障碍的空气里一种香味的扩散。这是一种穿透性的传染，它不是使自己事先作为某种反对中性因素的东西受到注意，而是慢慢地潜入进去，因此不可能把它挡住。只有当传染蔓延开时，那种不知不觉地接受

它的影响的意识才意识到它。(402—403/331)

或者我们也可以想到公共领域的扩展，其中“飘浮在空气里的概念”不被察觉地传递到更广的公众和下层阶级。无论如何，由于某种没有内容的“一个”无力抵制社会和生产多样性的“许多”，启蒙运动及其革命取得了胜利。

然而在这一点上，由于“信仰”的失败，信仰和它的对立面之间的差别消失了；而由于这种“没有差别的差别”，我们开始了绝对自由的普遍统治，换句话说，开始进行这样的革命。但 95
是，在这一点上，我们也开始接近黑格尔自己的现时性：它像是古代水手害怕到达世界尽头的地平线。现在我们必须质疑的就是那种地平线，科耶夫在他“历史的终结”的概念里明确地引发了这种质疑。

【注释】

［1］见 Arno Mayer，*The Persistence of the Old Regime*（New York：Pantheon Books，1981）。

［2］关于《安提戈涅》，还可参见黑格尔后来在《美学》里的思想，*Aesthetics*（Oxford：Oxford University Press，1975），pp. 1217—1218；Jacques Lacan，*Leséminaire*，*livre VII*：*L'Ethique de la psychanalyse*（Paris：Éditions de Seuil，1986）；Alenka Zupancic，*Ethics of the Real*（London：Verso，2000）；and Judith Butler，*Antigone's Claim*（New York：Columbia University Press，2000）。

［3］Karl Marx，“Critique of Hegel's Doctrine of the State”，in *Early Writings*，trans. R. Livingstone and G. Benton（London：Penguin，1975）.

［4］Niklas Luhmann，*The Differentiation of Society*（New York：Columbia University Press，1982），p. 305.

［5］我认为，这是狄特尔·亨利希论客观的主观主义的要点，见

"Hegel and Höderlin", in *Hegel and Kontext*（Frankfurt：Suhrkamp，1971)；亦见 *Between Kant and Hegel*（Cambridge：Harvard University Press，2003)。

［6］见 Michael N. Forster，*Hegel and Skepticism*（Cambridge：Harvard University Press，1989)，p. 53。

第9章　革命和“历史的终结”

实际上，正是在这里，旧的主人/奴隶的辩证最后一次重又 96
出现，此后科耶夫的“普遍的、同质的国家”才会结束主人和奴隶，结束民众平等时期的问题：这是关于普遍趋同的一个敏锐的预言，它只对现代读者——但意味深长地——删去了大众文化拉平的作用。但对于更传统的读者，黑格尔的历史叙事似乎在康德召唤的道德方面，或者换句话说，在有自己独立主张的公民的形成方面，已经达到了它的顶点。为了纠正这种印象，有必要在历史时间中后退一步。

在《现象学》里，关于法国大革命的部分是最值得称赞的，它们从理论上阐述了卢梭的普遍意志的绝对否定性，其中在绝对主体和个体自我之间没有有效的中间项，因此它们唯一的关系可能是“自发的否定”关系：“因而普遍自由的唯一工作和行为就是死亡……最冷酷和最自私的死亡，不比砍一棵白菜或喝一口水更有意义”（436/360）。因为在革命整体的一致性里，我们失去了那种划分的丰富性——一分为二，社会实体区分并连接成它的各种对立——而这种划分在黑格尔叙事的开始就表明是社会或集体或“精神”统治的开始。

然而，他急切想避免历史循环观的含义： 97

> 由于这种混乱，精神会被抛回到始点，抛回文化的伦理世界和真实世界，这些只是因为贵族和主人的恐惧才得到了更新和恢复，于是他们再次进入人们的心里。精神必须重新

> 穿过并继续重复这种必然的循环，但结果只能是对自我意识和物质的完成的解释——在这种解释里，经历过对它发生作用的普遍本质的否定力量的自我意识，希望知道并发现它自己，但不是作为这种特殊的个体，而是只能作为一种普遍性，因此也能够容忍普遍精神的客观现实，即一种排除自我意识作为特殊性的现实。但是，在绝对自由里，在陷入存在的复杂性或为自己设定目的和思想的意识与真实的外部世界之间，不存在相互的作用，不论这个外部世界是现实的还是思想的；相反，世界绝对是意识作为一种普遍意志所采取的形式，而且，由于整个存在的扩展或明确的目的和判断，自我意识同样被汇聚在一起，集中于简单的自我。因此，它通过与那种本质的相互作用所达到的文化是最宏伟的和最终的，也是直接看见它的纯粹的、简单的现实消失并变成空洞的虚无的文化。(438—439/361—362)

98　黑格尔似乎想以外部世界的人性化来结束这一历史进程：革命后的主体现在有一种自觉的精神意识，但当历史经验只是某种外部不可理解的必然性和束缚时，它并不曾有这种意识。现在精神知道自己是一种普遍意志："普遍意志是它纯粹的认识和意愿，而作为这种认识和意愿的正是这种普遍意志"(440/363)；由于这种集体的自我意识，黑格尔满足于转向它作为道德（或公民）的纯个体形式：我们可以设想他认为它的集体行动会采取制定宪法的形式。

但是，正如我们已经看到的，黑格尔只是探讨那种绝对的、历史的现在，而这也是他的世界的终结：1807 年只是拿破仑巩固革命的开始，它仍然是黑格尔的政治和社会思想的框架，甚至在它失败之后也是。因此科耶夫相当正确地进入下一步，仿佛在历史序列里写了新的最后一章，正是在这种情况下，拿破仑（或斯大林，取决于我们如何解读科耶夫规定的用语），世界的主人，在拿破仑一世时期公民的平等中得到反映；这些公民是“主人—武士和奴隶—工人的综合。在这个国家新出现的东西是每个人（有时）是武士（征兵）并全都参加社会劳动”（146）。同时，现在这种十分
人性的状况将导致科耶夫的精神的最高价值，即平静或满足：享有 99
绝对的集体自我意识或完全人性和透明的世界。于是拿破仑的形象产生出又一种形象或主体，这就是黑格尔本人或哲人的形象。

> 诚然，只有普遍的和同质的国家首脑（拿破仑）真正感到“满足”（就是说，被所有人承认他的个人现实和价值）。因此，唯有他一个人真正自由（比在他之前的所有国家首脑都更自由，那些人总是受到所有家族、阶级和民族的“特殊差别”的限制）。但是，所有公民在这里也有可能感到“满足”，因为每个人都可能变成这种首脑或首领，他个人的（“特殊的”）行为同时是一种“普遍的”行为（一种国家的行为），或换句话说，所有人都在做。因为再没有任何继承（作为“非人的”、“自然的”、“异教徒的”因素）。因此每个人都可以实现他得到承认的欲望：条件是他接受（统治的因素）潜在于这个国家的生死竞争的危险（政治斗争——一种在任何情况下都保证候选人的“可靠性”的危险）；还有一个条件是他以前参加过社会的建设活动，参加过维护国家的存在和现实的集体劳动（劳役和服务的因素，它们也保证候选人的能力）。因此公民的满足是主人—武士和奴隶—工人在他身上合成的结果。所以在这个国家新出现的东西是，国家的每一个人有时是个武士（普遍征兵），而且每一个人也都参加社会劳动。至于哲人（黑格尔），他把自己局限于理解：国家及其首脑，既是武士又是工人的公民，最后还有他

> 本人（通过《现象学》，在该书的结论里，他看到他自己就是结果，或人类历史进程的最后终结和统一）。这位哲人揭示（通过“知识”）现实（在拿破仑身上体现出来），他是绝对精神的化身：如果你愿意，他也是基督徒梦想的上帝的化身（真正的和名副其实的救世主＝拿破仑—耶稣＋黑格尔—理性；因此化身发生在历史时间的真正终结而不是它的中间）。（*ILH*，146—147，我自己翻译的）

这是科耶夫对绝对精神的叙事化；它的优点是为某些可能性
100 提供了基础，如在革命后的前提条件下认识社会的总体性，对那种只是令人困惑地出现在我们面前的脱离现实的纯粹思想形式补充历史的语境。不过，我已经表明，把绝对精神的“概念”拟人化，使它成为一个人物，而它的出现标志着一种历史叙事的终结，这已经不再令人满意。

然而，现在我要论证的是，尽管由于科耶夫，我们丰富了对黑格尔的质疑，但他对《现象学》的重写在一些重要的方面却不及黑格尔自己的叙事。

首先，“普遍和同质国家”的辩证结构重复了黑格尔的罗马帝国的辩证（前面我已暗示）。它使我们面对的是皇帝独特的主体性（这次是拿破仑）与大众本身的主体性——平等，但没有他的本质的“满足”——之间的一种对立。的确，科耶夫写于“漫长的冷战”时期，在这个时期，从斯大林到戴高乐，从希特勒到罗斯福，这类领袖人物扮演了非同一般的重要角色；随着战后时期的结束（或后现代性和晚期资本主义的出现），这个时期似乎也已经终结。不过，在当代读者看来，非常重要的是不能把今天我们熟悉的名人与韦伯所说的领袖人物的操控意义混淆起来，那种意义非常不同于有魅力的人格的号召力，甚至也不同于人格本身的力量。斯大林不论对我们多么有意义，他确实没有因为那种散发出迷人魅力的人格而得到赞美；希特勒的力量是那种迷人的演说家的力量，而不是性格本身的力量。实际上，针对科耶夫我们必须肯定，真正的领袖人物的魅力包括哲人的力量，而且不可能与它分开，因为科耶夫所称的哲人本质上可以用拉康的术语解释为大的他者（the Big Other）本身，“假定知道的主体”，某种智者和权威的轨迹，但他在结构上不为平等的主体大众所了解，虽然这些主体基本上与他平等。

同时，在这一论证的第二阶段，我们现在必须肯定大的他者的时代已经过去，这是在世界各地领导人身上可通过经验证实的 101
一种观点，但它的基础在于更普遍的时代精神，其特点可以说是犬儒主义的理性精神，它的存在可以从科耶夫的对立的另一面进行解释，即他的后革命居民中的新的历史条件。

因为，科耶夫的“历史的终结”的真理的核心，应该在社会层面上发现，而不是在他的“普遍的帝国”这一术语所表示的政治层面上发现。他含蓄地假定的美国与苏联之间的合并不是一种政治的合并：它是清除传统阶级文化（或一开始就不知道这种文化）那种社会中的社会平等的合并。在欧洲的阶级文化里，胜利的资产阶级虽然取代了旧的贵族，但却借用了后者的文化结构和力量，并以新的形式和新的内容使后者的等级制度持久存在。但是，后革命社会——今天我们当然可以把中国和苏联都纳入这个范畴——通过以暴力消除差别的过程已经破坏了阶级文化真正的社会结构；同时，由于缺少封建主义和移民的积聚（以及大众文化标准化的影响），美国也避开了欧洲的阶级结构和非欧洲（前现代）的种姓等级社会的阶级结构。

但是，重要的是从社会和文化上而不是从经济上理解这个过程。当然，这里所确定的巨大的消除社会差别的情形，并不排除财富的出现以及深刻的贫富划分，甚至在社会主义国家也不例外。它也不应该以任何方式理解为经济意义上的阶级的终结：在这些社会里仍然有工人和经理，仍然有利润和剥削，有失业大军，等等。但新的文化平等——我喜欢把它说成平民化——充满了对等级制度和特权的强烈仇恨，充满了对等级区分和继承的文化优势的强烈不满。只要富人与其他每个人一样普通，富有是被允许的：这种普遍的民主冲动是否定的而不是肯定的，它受到充满激情的平等主义的猛烈攻击，这种激情与对成功的怨恨相当不
102 同（虽然可能很容易变成那种怨恨），并与旧的不是革命者的那种革命的下等民众的精神类似——因为所有这些地位相等的人都具体地获得了科耶夫所说的“满足”，但如他自己意味深长地指出的，这种满足非常不同于“幸福”（149）。

因此，科耶夫的成就是以悖论的方式说明了主人/奴隶辩证的消逝，而他被认为在现代哲学里复活了这种辩证。例如，就权力而言，不在场的主人（也许是“榨取奴隶血汗的盟友”）的地位，或大的跨国公司，现在调配世界范围的资本，它们自己在法律方面享有双重人格化的地位（充满感情的公司），而在社会想象和政治意识方面，它们变得越来越难以看见或再现。但我相信，黑格尔在这里要比科耶夫先进，他对保持那种“承认”的意义可以提供更多的、富有成效的思路，而科耶夫只把“承认”局限于主人和奴隶之间的人际关系的斗争。

因此，我们必须顺原路返回，重读黑格尔对后革命意识的阐述，同时把那个最后的阶段——康德之后的道德，公民的自治——历史化，传统的读者也把这个阶段解读为历史的终结——获得了自由和民主——虽然是不同性质的历史的终结——资产阶级的——与科耶夫普遍的国家平民化大不相同。

这里需要考虑多个范畴的对立，尽管这里只是一个为黑格尔

的政治辩证增加经济辩证的问题（两者都会调动科耶夫的新居民社会主体）。但是，也许因为政治是主人的事务而经济是奴隶或工人的生产，这种重复和平行本身仍然忠实于科耶夫最初的洞察。

无论如何，有必要沿着几条轴线把这些发展展开。我们回想在旧的宗教辩证里，罗马反对基督教，可以说是抽象与具体的一种 103
辩证。罗马皇帝是主体性的轨迹，在一个空洞或抽象的法律平等的世界上，他是独特具体的个人；而内在的基督教的具体主体性回应了那里居民的需要，同时赋予它以内容，表明皇帝的主体性是空洞的和抽象的。（不过，同样的辩证在基督教的“不幸的意识”里得到重复，其中独特的具体和个体的主体性对它的空洞的主体是他者和另外的地方，而那些主体渴望自己个体的实现和救赎。）

沿着这一抽象和具体的对立，我们必须确认在黑格尔的章节序列里记录的另一种对立，即集体（“革命的恐怖”）和个体（“道德”）的对立。罗马皇帝（更不用说科耶夫的拿破仑）作为社会生活这两个方面的综合最终并不能成立。卢梭的普遍意志代表另一种更极端也更巧妙的努力，它力图把这些范畴重聚在一起，认为“综合的条件”不是人格化或任何性质的拟人化的人物，然而又以某种方式规定了社会的集体性，但其方式排除了多数、多样性甚或一致性——换言之，回避了整个数量问题。因此这是革命的主体，或者更确切地说，是费希特—卢卡奇的那种历史的主体—客体，但条件（再次）是我们能够把那种概念和“主体”一词不可抗拒地滑向个人的主体性和拟人论中性化。

不幸的是，这是不可能的，甚至看作事件而不是概念——这种轴心革命本身的事件——普遍意志也会致命地滑向抽象，在那一点上是致命的抽象。因此，根据黑格尔文本的字面意义（而不是按照科耶夫加入的拿破仑的普遍国家），在集体失败之后，在普遍意志及其革命失败之后，接下来是那种看似个人及其主体性的恢

复，而自康德以来，对它一直从个人道德方面认识。实际上，康德的“范畴规则”也意味着是一种新的、原始的个体与集体的重新统
104 一，因为它告诫我们要把我们的个体行为理解为普遍的法则。政治上，康德的伦理应该投射出公民的新的、自治的主体性（并在政治上对应于自美国革命以来伟大的时代计划，即文字宪法的构建）。

然而，恢复并没有完全像黑格尔期待的那样出现，我们会设想这种后革命主体的失败与革命主体的失败同样肯定：不论普遍意志还是范畴规则，都没有实现那种个体—主体与普遍—集体的和解，如果实现了这种和解，它很可能意味着历史本身的终结（或者，如果你喜欢马克思的说法，就是前历史的终结）。但是，这里的失败只是意味康德的道德（类似普遍意志的革命，以及先前卢梭对它的概念化或理论阐述）现在被当作一个历史事件；或者，为了保持黑格尔历史经验的精神，它被当作一个确定的矛盾，这种矛盾随着它的发展把新的问题和新的矛盾带进了现实。

不过，黑格尔在这一章的结尾确实引进了一个全新的因素，我认为它是黑格尔叙事的终结，被历史本身在中途打断（对此增加了补充性的论宗教和绝对精神的章节，但仿佛是事后的思考）。这是一种新的、提高了的认识，它现在会为《现象学》的历史叙事打开两个新的、平行的后果，分别在主体方面和客体方面，这些后果很难被解读为历史的终结，但它们在我们自己的当前时期中断了，就像黑格尔的叙事在他那个时期的中断一样。

1

事实上，陀思妥耶夫斯基那种罪与忏悔的场景激发出一种新的音调，它的出现意味着把康德的责任伦理或伦理义务更新到当前：
105 不仅把真正的主体性和情感重新引入康德那种声名狼藉的、枯燥而

抽象的责任世界，而且用一种更基本的方式以内在性取代义务，以已经实现的满意的活动取代无限的未来的责任。正是在这一点上，我觉得黑格尔修正并改变了他先前对“承认”的看法，超越了科耶夫颇有洞察力地使我们在黑格尔的前面章节中所注意的东西。

实际上，这里的关键是个人对他的法律责任的承认，这非常不同于他对法律或在法律面前的责任，然而又包括两者的那些细微差别。

这是一种关于唯心主义的或“思辨的”主、客体认同的复杂的变化，并对整个异化和透明性的问题具有非常明显的影响，而这些都在社会和政治领域里展现它们自己。因为自康德以降，德国唯心主义哲学传统对公民和服从问题的解决包含着对看似外在的法律（包括宪法）的承认，把它作为我自己使之成为存在的某种东西，因此我通过一种比理性选择或自由更强烈的认同来接受它的约束。我自己制造了法律，因此它对我并不是外来的，它属于我并因此不存在任何我不遵守的问题。诚然，这是非常不同于社会契约理论的一种主张法律权威的理论；它在陀思妥耶夫斯基那种良知和罪过的辩证里具有明显的作用，而我们非常惊讶地发现，这种辩证也在黑格尔对现代个人主义伦理的论述里发生作用，在他的论述里，对罪过的承认现在变成了黑格尔的主体的一种熟悉的发现，它发现自己与客体有着深刻的密切关系甚至一致。“透明性”一词在这里也是合适的，因为它表示我与社会秩序的协调，我发现并接受我自己与它的合谋。

现在，毫无疑问，这种特殊的法律义务的理论有其逆来顺受的一面，因为它不仅要求对罪过忏悔，而且还要求赞同惩罚，在犯罪的一方不是看作一种对异己秩序的反抗，而是一种分裂的反对自己的不幸意识，这种意识陷入自己对个人或主体的欲望和行 106
为的幻觉之间，而另外的自我事实上体现在它自己违反的法律之中。这样一种观点所投射的可怕的阴影，可以在克莱斯特（Kleist）的《迈克尔·科勒哈斯》（*Michael Kohlhaas*）里或者在下面康德的激烈评论中看到：

> 由于所有它的成员都赞成，即使公民社会自身也会瓦解（例如，假定一个居住在某岛上的民族决定分开，散居到世界其他地方），并且，为了每一个人得到他应得的赏罚，为了人民不会因未能坚持对犯罪惩罚而忍受该死的犯罪，监狱里最后的杀人犯必须首先被处死……[1]

正是针对这种几乎非人的严厉，黑格尔才决定召唤原谅和救赎，然而我们必须以一种更基本的框架来理解这点，即个体的认识框架，个体认为他自己是那种谴责他的社会和法律结构的作者；换句话说，这种看似外来的法律机制是他自己造成的，远在任何个人承认应受谴责之前，也远在任何纯粹的个人悔过或当众对自己的行为和犯罪表示忏悔之前。因此这是一种全新意义的认识：不是暧昧不明的他者作为和我自己类似的人的认识，也不是像我自己知道的那种同样的自由的体现；相反，它是在客体世界和社会机制中对我自己的认识，是对把这些作为我自己的建构、作为我自己的活动只在时间上异化地体现的认识。

因为以前看似完全反社会的或社会病态的行为——犯罪，或资产阶级伦理观点认为的犯罪，反常地拒绝社会秩序，以及病态的、孤立的个人无缘无故的暴力——现在作为伦理逐渐变成了资
107 产阶级的法律机制，而忏悔掩盖了对我自己最初为社会建构和生产所负责任的承认（我自己将把这些称作萨特对迄今异化的社会秩序的“假设”或认识或重新挪用）。于是这种重新假设逐渐转回到个人反对那种异化的政治抗议，一种寻求延长革命变革的反

抗形式，即通过激进的民主化和平民化把社会转变成重新挪用它的异化机制的革命。在对社会和政治的这种重新假设的视域之外，是人类的时代——完全是人类的和人类生产的世界——以及异化和权力与统治的外部形式的终结。

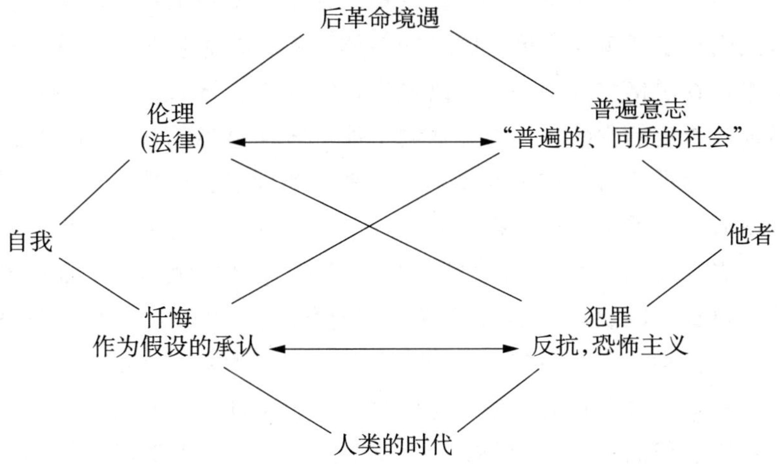

2

然而，这仿佛只是主观形式通过延长黑格尔的辩证被带进了现代性，我们还必须确定这个过程的客观形式，或承认的辩证的不同特征所表明的东西，即奴隶对物质实现的劳动。如果我们回想前面提出的对后康德伦理的重读——召唤个人承认法律是他自己造成的——我们就开始看到生产的整个逻辑在这里出现在现代矛盾中客观的一边，并且还会看到它不同于罗马/基督教的阶段，因为它是整个世界的生产。正如现代的辩证一方面突出了普遍的抽象自由与同样普遍的私人生活之间的主观对立，同样我们现在 108
在这里也发现了两个世界彼此对立，同时它们只不过是同一（现在是全球的）历史阶段的两个维度或方面。其中一方面与奴隶和他的现代同类所生产的物品的世界相关，另一方面与那个世界的人性化及其非自然化相关，就是说，与我们承认整个后自然世界是人类实践和生产的产物的认识相关。

事实上，黑格尔在这里以一种非常令人惊讶的、出乎意料的方式引出了后革命主体所面对的客体世界：这是那种功利主义的世界，在黑格尔的唯心主义语境里，它决不会像人们期待的那样被加以否定的判断，尽管也强调了那个客体世界的某种不可同化性。因为沿着自然神论（或幸存下来的那种宗教的残余）的一致性所假定的那种“纯粹存在的空壳”——内容的世界，个体事物的世界，或海德格尔所称的实体或本体存在的世界——那种客体—世界，即使它“把自己置于那种统一性之外，也是一种改变——一种不会返回它自身的改变，一种为他者存在的改变，也是一种为自身存在的改变；这就是现实，也就是一种为纯属洞察的真实意识而存在的客体——实用的客体”（428/353）。黑格尔这里对这种改变的理论阐述，实际上预示了生产和消费之间以商品形式的理论阐述，商品形式是生产和消费的结合，通过更明确地对过程的复述突出了这种结合。

> 但是，对于有限性与自在的肯定和否定的关系，两种观察方式同样都是必要的，因此一切事物既是某种事物本身，同样也是为了某个“他者”的事物；换句话说，一切事物都是有用的。一切事物都受其他一切事物的支配，有时它使它自己被他者利用并为了他者，有时可以说它又独立自主，对他者疏远，为了自己，并反过来利用他者。由此，我们看到人的本质和地位，他被看作意识到这种关系的一个事物。由于他直接存在，作为一种自然意识本身，人是好的，作为一

> 种个体他是绝对的，其他一切都为他而存在；另外，因为对 109
> 于作为有自我意识的动物的他这些要素有普遍性的意义，一切事物都为他的乐趣和愉悦而存在，而且由于他来自上帝之手，他走在地上犹如走在一个为他种植的花园里。他一定还摘取了知识之树的善恶之果。他因此具有一种优势，使他区别于其他动物，但巧合的是，他的内在的优越性质仍然持续不断，结果过度的乐趣给它带来伤害，或者毋宁说他的个体性在它内部也有其外在性，可以超越它自身并把它自身毁灭。为了对抗这种情况，理性对他是一种有用的工具，可以把这种过度的乐趣限制在一定范围之内，或者更确切地说，当他越过他的限度时可以保护他自己；因为，这是意识的力量。意识方面的乐趣，或曰内在的普遍存在，本身决不是关于多样性和持续时间的某种决定性的东西，而是普遍的。因此，“适度”或比率具有在多样性和持续时间方面防止享乐中断的功能；就是说，“适度”的功能是过度。正如一切事物对人有用，同样人也是有用的，他的使命是使自己成为群体的一员，成为对共同利益有用的一员并对所有人有用。他照顾自己利益的程度也必须与他服务于他人的程度相当，而且他服务于他人的程度，也就是他照顾自己的程度：一只手洗另一只手。但不论他在何处发现自己，那里就是他的正确所在；他利用他人，自己也被利用。(415—416/342—343)

对于另一个时刻，有必要坚持这一人性化过程肯定的一面， 110
而这无疑使它那个世界的居民很容易被客体化和工具化，使他们自己被当作方法而不是目的。这种否定的可能性构成了康德的伦理学的真正源泉，并且表达了在很大程度上包括黑格尔在内的德国哲学家对英国的普遍厌恶，认为英国是个“店小二之国”，是功利主义和商业主义的核心之地。但是，辩证的多重结合要求同时表达一个给定现象的肯定和否定的两个方面，因此必须与道德化的批判和判断区分开。

同时，黑格尔所说的实用性预示了海德格尔的存在世界，它可以被确切地翻译成人们所说的海德格尔的“实用主义”。事实上，
111 海德格尔表明，他所说的随手可用的“实用性”是事物存在及其构成的世界最直接或最基本的方面，而不是某种纯属人类对自然本身的补充，他认为那是认识论的一个错误的概念，或者是更具衍生性的事物经验以静态沉思的方式作为纯现时存在的错误的概念。

诚然，可能存在着其他一些反对那种赞扬世界完全人性化、自然终结或归类的意见（实际上这正是表述后现代性特征常用的方式）；但我们将在当前这一讨论的最后再谈它们。

现在我们必须辩证地确定这种由客体构成的现代实用世界，它面对后革命的经验及其在后康德伦理学中主体的相似性。因为，正如我们前面开始表明的，正是生产本身的痕迹表明了那种伦理学的特征，而且，正是对客观世界中那种生产的认识，对我自己在它的社会和物质建设中的活动的承认，才把我构成一个公民。可以肯定，这里的焦点倾向于从实用性的客体世界转向国家和法律的社会世界，然而在黑格尔提出的后康德的伦理学里，他的独创性却是改变了强调的重点，从对法律和国家的服从转向了这些集体机制的产生。这种对集体财产而非个人财产、对集体所有而非狭隘的个人占有的感知，在黑格尔的活动和工作哲学里是我认同后革命（乌托邦）社会的真正源泉；科耶夫也正确地认同这种参与远比单纯的消费或抽象的法律条文更令人满意。实际上，我们可以构成一种更具体的、由多种因素决定的对这一新的客体世界的看法——它既是功利的或实用的又是我的外在化或我自己生产的产物——说明把这些主题与前面讨论的事物本身的现

象结合在一起的所有隐蔽的关系。在对“事物本身”的经验不可抽象的认识里——我承认我的使命，承认在多种活动中深层的召唤——隐蔽地存在着对工作的认同，认为它是我自己的生产，同样也是其他人的承认，他们承认我为他们的劳动是有用的，或者 112
换句话说，它是一种无法理论化或哲学化但在那种单一的客体世界层面上存在的普遍性，而这种客体世界就是日常生活。

恰恰是这种认同将被以前的奴隶——现在变成有伦理的公民——理想地转移到外在化的客体，而主体在这种客体上会看到自己。这是对公民生产法律因而会承认法律的看法的更深刻的真理：革命的国家本身是它的公民的建设成就或他们的产品，而这就是道德的意义，在这种意义上，国家属于公民，服从法律等于是服从他们自己。同时，政治上的无动于衷表示国家几乎完全异化，它仍然属于他人，与我毫不相干。

因此，如果假定消费社会的人性化世界是那种外在化的情形，其实并不算歪曲，因为在那种外在化当中，主体可能发现自身完全被客体化了，而最彻底的是它自己。当我们把这种文化维度与晚期资本主义的法律和政治层面并置时，那种矛盾就开始显现出来，因为正是由于这些现象，康德的伦理公民才应该按照那种理论确定自己；也正是在这些现象当中，他才应该能够承认自己的主体性以及他自己生产的痕迹。但这恰恰是今天达不到的，今天，面对构成他们世界的客观机制，许许多多的人都觉得无能为力，他们决不会认同法律和政治世界是他们自己的制作或他们自己的产品。这里，尽管有生产本身的历史事实——人类世界，正如维柯所说，是人民自己生产出来的——我们却看到那种最真实的普遍的异化，在这种异化里，客体或“非我”（the not-I）在它的主体面前成为基本的他者，成为外部权力的财产和属地。

“正如在宗教里人被他自己头脑的产品支配，同样，在资本

主义生产中，他也被他自己劳动的产品支配。”[2] * 实际上，人们
113 并没有充分认识到，马克思早期关于异化的哲学理论（在一些类似当前的这种时刻，异化仍然是《资本论》的一个构成原则），在它对剥夺所有权的论述里包含着更明确的黑格尔的论证，即外在化或异化的客体在那个词的所有意义上仍然属于工人。

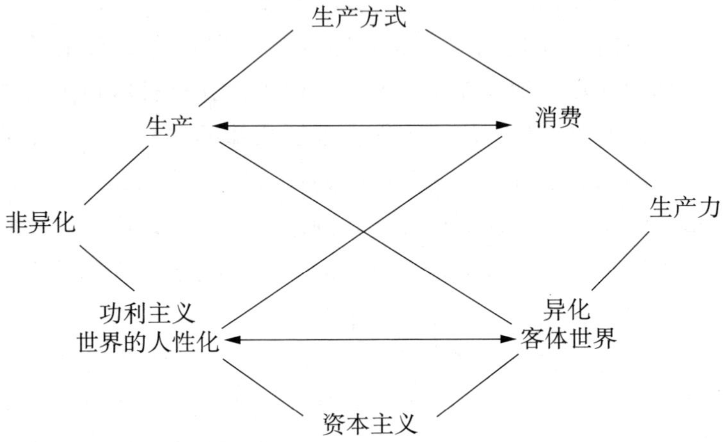

根据黑格尔把他的承认概念转变成远离我们的人类时代的非异化概念——他以宗教的感谢和救赎的语言表达，在他论道德一章结束的一页可以找到，按照我们的阅读那一页也是《现象学》的结论——我们构成了一个后来的阶段，它仍然是一个暂时的阶段，决不是历史的最后阶段或“历史的终结”。这种暂时的停止与黑格尔的历史的现在对应，因此它以一种双重对立或矛盾的形式构成：现代主体和它的人性化的客体世界之间的一种巨大的辩证对抗。一方面，现代主体分裂成抽象的平等和丰富的私人或存在主义的个体性；另一方面，实用的客体世界面对主体生产异化

* 为忠实于作者原文，此处根据作者英文引文翻译。——译者注

了的现实，主体生产客体世界，也生产后革命世俗社会本身。这种矛盾模式并不是不合时宜地把当代的主题和焦虑叠加到旧式的黑格尔的体系上，而是通过重新安排黑格尔论当代历史的章节里已经出现的特征和分析构成的。（关于矛盾本身我简单说一句： 114
前面讨论过的“安提戈涅”一章，我们把它的结构逻辑在这里作为一种模式。在人和神的法律之间，在国家和家族之间，历史上新出现的对立不仅是它分裂的那种社会形式解体的预兆，而且一开始就是那种社会形式的基础要素。城邦只能通过连接这种构成的对立形成作为政治形式和生产方式的存在，而这种对立最终又毁灭了它。）

现在也许应该进一步突出对立的作用，它使主体和客体这些孪生的辩证以思辨的方式进入某种遥远未来的社会革命和生态变革：

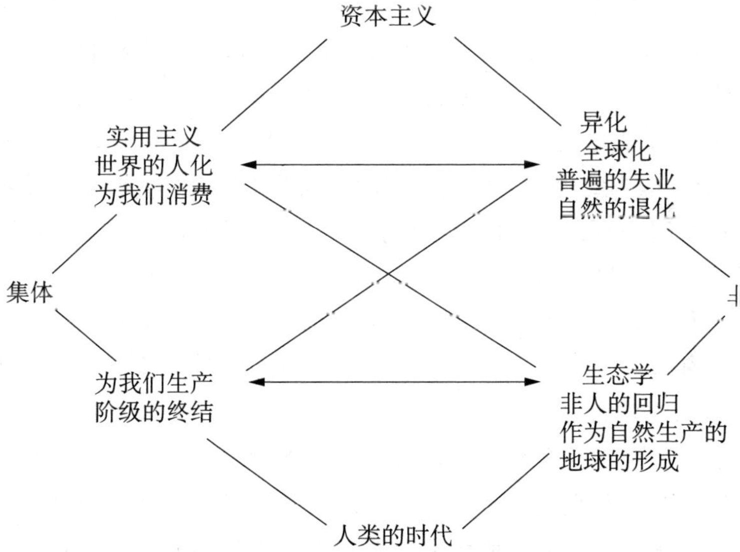

关于这里已经概述的现代性的基本矛盾，这也是必须说的东西。把主体性和客体世界连接到它的两个维度，其实就是现代社

会的开始，同时它也宣告了它的消亡。这种矛盾标志着社会体制的失败，除非人们理解在那种意义上一切社会体制都是失败。正如斯拉沃·齐泽克所说：“难道黑格尔的《现象学》没有一再告诉我们同一个关于不断失败的故事，关于主体努力实现他在社会实质方面的计划的故事？”[3]然而，从另一种观点看，关于矛盾的
115 关键是，它的出现本身标志着对立的内在化，它们不再以外部的和偶然的方式互相对抗。因此，根据黑格尔的观点，这种内在化可以理解为一种历史的进步，虽然肯定要把它理解为一种结构的而不是目的论的变化（更不用说周期的变化）。

通过对马克思在《资本论》里的辩证的事后思考，我建议在扩大的意义上理解这种进展，把它作为一种螺旋上升的过程而不是一种循环或周期的过程。我们已经假定黑格尔的“普遍的”本质是对其他人的主体并在其他人的主体内部存在，那么，除了把他者人口的逐步扩大纳入至关重要的哲学世界，至少在我们世俗的人类历史里，还有什么更可以预言呢？事实上，早在黑格尔自己的历史哲学之前，编史工作的一个常识是，希腊城邦的失败（《安提戈涅》的戏剧）根据它们的空间范围以及作为它们结果的多样性曾得到预言，它们被由单独一个城邦扩大成的一个帝国打败了，而后果则是这个古代世界的统一。因为统一是这个过程中的另一种永恒，（革命的）民族—国家的统一和范围在这种意义上是一种进步。因此，黑格尔的体系本身在它的结构上呼唤后来历史中的实质性扩大：先是帝国主义阶段（或在技术意义上的“现代”），现在是全球化阶段。这些后来的扩大非常符合黑格尔的辩证精神，并且也说明了为什么黑格尔自己的实践不再像皮品那样与“现代性”的困境相关，而是现在必须根据世界市场重新考虑它的结合，而世界市场只是处于发现和发明适合它的概念的过程之中。

【注释】

［1］Immanuel Kant，“Metaphysics of Morals”，in *Kant's Political Writings*，ed. Hans Reiss（Cambridge：Cambridge University Press，1970），p. 156.

［2］Karl Marx，*Capital*，vol. 1，trans. Ben Fowkes（London：Penguin，1976）.

［3］见 Hegel，*Wissenschaft der Logik*，in *Werke*，vol. 6，p. 546；或者 *Hegel's Science of Logic*，trans. A. V. Miller（London：George Allen and Unwin，1969），p. 836。我对这一有意思的段落的注意得益于斯拉沃·齐泽克（Slavoj Žižek）。

第 10 章　宗教作为文化的上层建筑

116 然而，《现象学》并没有以论“道德”的一章结束，虽然我们重新把这一章插入有些不同的叙事结论：那章之后还有两章，“宗教”——本身是一篇论文——和“绝对精神”——对如此复杂的一本著作是一个非常粗略的、令人失望的虎头蛇尾的结论。这两章我们到现在都还没有谈，但我有几个这么做的建议。在宗教以各种更富历史或结构的方式出现在前面的章节里以后，如关于不幸的意识（早期的基督教）或信仰和启蒙之间的斗争那些章节，黑格尔自己意识到他在这里回到宗教主题带有自相矛盾的性质。正如对《现象学》的组织结构所提出的其他问题一样，外部动机和作者的意图都不能满意地解释这种长篇补充，对此我们必须设想作者感觉到前面叙事中漏掉了某种东西来进行说明，尽管它是在 1807 年的现代时期的写作中按年代顺序完成的。于是，缺失的东西通过对它前面一切东西的叙事的重复加以补充，这样我们就不得不回到过去的时间，甚至比希腊—罗马时期更早，如此才能理解史前期宗教最早的基本形式，而那个时期甚至不可能与主人/奴隶冲突的神话时期互相关联。

应该补充的是，这种新的叙事或多或少与《美学》的结构叙
117 事一致：首先，物质优先于精神（黑格尔所说的崇高，如在金字塔里）；其次，它们的拟人法是均衡的，如在古典的希腊雕刻里；最后，精神优先于物质，如在语言艺术里，或以另一种方式在基督教里。这第三个（或浪漫主义）阶段证明与哲学相竞争，就概念而言，哲学似乎更充分自觉地取得了文学在其浪漫主义计划或

神学在其三位一体的计划里难以达到的东西。在这一点上，艺术或宗教的图像思维与哲学的概念本身之间突显出一种新的区分。这种宗教的力量与美学力量的合并确实非常重要，我们很快会返回来再谈。

此刻，必须做的是暂时搁置一切我们传统上与宗教相联系的东西，把这个主题作为我们好像完全陌生的东西来进行探讨，就像某个火星人探讨它根本没有与之对应之物的人类精神的功能。让我们假设黑格尔不是对这个问题进行理论阐述，我们已经知道这个问题是什么，我们（或近或远）与它在日常生活中相联系（人们到教堂去，信奉忏悔，奉行仪式和虔诚的美言），或至少从历史阅读中认识它。新的解释要求我们从黑格尔的文本中推断他在这一章思考的客体是什么，或换句话说，我们认为在后现代世界里什么是这种客体的对等物，因为在后现代世界里，“宗教”这个词只不过是表示新的族裔群体的自恋，不可理解的狂热，或者在他者中的一种特殊的公共语言或符码。

因此，我认为，这样一种探讨将力求找出三个具体的特征：这种陌生的客体看上去是自治的（或半自治的）；它的思想方式的性质，即“Vorstellung”，一般和最富启示地翻译成“图像思维”；最后是寓言的问题。与艺术密切关系的影响我们还没有充分探讨，但与艺术的关系贯穿着每一个特征。

例如，黑格尔所称的宗教的自治性——在实际上自成一章里
对它分开论述（后来成了一个完全分开的讨论课或系列演 118
讲）——肯定与黑格尔后来的美学演讲自身的完整性相呼应。但是，这里，在《现象学》里，对立的过程似乎正在出现，宗教的一章几乎完全吸收了艺术和美学的问题，以至于它们本身没有得到独立的论述。然而达成了一种折中，其中古典的宗教——显然黑格尔无法接受多神论的形式——部分地被希腊戏剧和雕刻以及

公共的神秘仪式取代和再现。

因此，在艺术的半自治状况与这里宗教的半自治状况之间有某种结构的相似性：两者都是人类生活中的内心世界的事件或活动，然而这些活动具有足够的外在性，能够了解它们自己的发展逻辑并作为独立的符号系统发生作用；两者都以某种方式反映世界并能够不时地干预世界。这是马尔库塞在《文化的肯定特征》（“The Affirmative Character of Culture”）一文里理论化了的那种悖论，其中这种层次或形式的双重性的情形，使它们能够从对自己世界的批判否定转到盲目地使它合法化并与它合谋；或者毋宁说，以辩证的方式同时实现两种功能。但这种结构上的含混性表明，为什么不可能把这种研究的客体分离出来并为它们生产一种系统的哲学，因为这种哲学定义已经选择了立场并赋予这个客体以肯定或否定的功能，因而取消了实质，即含混性本身或“对立的统一”，而这从一开始就赋予它们以它们自己的特殊性。

因此，不论艺术还是宗教，其自治都出现在不可能具体说明它们作为自治地位或自治因素的一致性的这种不可能当中。与此同时，两者都证明是呼唤理论（不是哲学）和辩证注意的客体，仿佛那是唯一如此探讨对立统一的方式。这些客体断断续续在我们实际生活中渐强渐弱，有时与实际生活几乎一致得难以分辨，有时又像是完全分离的、迥然不同的领域或实践，与日常的事物
119 毫不相干。但是这种含混性并不是要通过确切的定义或概念的界定来克服，而是构成某些结构的特征，围绕这些特征，任何对它们的思考都必须主要和首先为自己定位。因此在世俗化和现代性里，宗教的“终结”与艺术本身的终结同样受到质疑和怀疑（更不用说“历史的终结”，那是一种与这两个完全不同的命题）。因此我们必须看看在当代世界上是否存在其他这样的现象，是否可以把这种半自治的情况归因于它。

至于图像思维，当然值得注意的是，那种流行的德国唯心主义的或称作想象的浪漫主义的概念，在什么程度上于黑格尔的著作或体系内发挥了如此少的作用；人们很容易推测，正是所谓的图像思维的作用在黑格尔的作品里无处不在，才为它留下了如此少的位置。在黑格尔看来，图像思维与理解有一种牢固的密切关系，或者换句话说，与通常对外在性的经验思维有密切关系，经验思维在对实在客体的经验中形成，遵从无矛盾的法则。但是，在理性——我们常常可以简单地称作辩证法——应该把必然的理解错误转变成新的、多种辩证真理的地方，如果面对图像思维它的使命就会有些不同。如果理解产生的是经验主义的错误，那么图像思维在另一方面就已经是一种真理的经验，尽管是一种扭曲的、预先设想的经验。理性必须超越并改变理解的错误，但它必须以阐释学的方式恢复图像思维的真理，即使后者也被按照感觉和外在性的逻辑构成了形象。

因此，对唯心主义者来说，形象可能在一些方面已经是精神的组成部分，而感觉—印象在这些方面则不是（或至少不明显）；或者换一种方式说，我们不会把伴随理解的同样的确定性带给图像思维的运作；后者是以某种方式虚构的或想象的，而前者因与外在客体相关则是真实的。通过想象两者的这些功能都与身体因而也与感觉纠结在一起，我们可以形而上地（并以一种也许不是那么吸引人的理想的方式）表现它们的差别：理解接受这些局限 120
并以物质为基础创造它的概念和语言，而图像思维则力图以感觉超越感觉，指出它自身必然是不完善的和不满意的，肯定无法达到概念的领域。

诚然，把“Vorstellung”翻译成图像思维本身就已经是一种解释；如果人们参考《哲学全书》第三卷（黑格尔的人类学，或《精神哲学》第 451 段及其以后），也许会发现这并不是一个最合适的术语，因为在那些部分华莱士和米勒把这个德文词翻译成“表征”。但是，在《宗教哲学演讲集》（*Lectures on the Philosophy of Religion*）里，如果人们考察关于在黑格尔体系中肯定是“Vorstellung”的范例形式的讨论，即关于三位一体的讨论，那么这种思想中图像的一面就不可避免，因为大量黑格尔早期的著作都涉及这个神学概念，实际上，三段式的辩证与三位一体的神学解释在形式上的相似，使许多解释者要么把辩证的起源确定为这些神学的思考，要么宣称黑格尔是一个基督教思想家而不做进一步努力。

但是，这种相似性以及它们也必然带有的差别，事实上对确立这种图像思维与黑格尔所说的真正的概念思维的关系非常有用，因为单用抽象这个术语来表达概念也许过于贫乏。当然，黑格尔对这种关系的理论阐述相当摇摆，例如在下面这段话里，如果不怀疑它本身是否不是图像思维，我们就不可能正确了解“填充”（物质）是什么意思：

> 但是开始，由于宗教在这里是直觉的，这种区分还没有回到精神。假定的东西只是宗教的概念；这其中本质是自我意识，它意识到一切都是真理，并在那种真理内部包含着所有的现实。这种自我意识作为意识本身是对客体的意识。精神一开始对自己有一种直觉感知，因此它是以直觉形式对自己的精神，而它对自己出现的那种形式的确定性是［纯粹］
> 121 存在的确定性。确实，这种存在既不是以感觉也不是以多种物质填充，也不是以任何一种单方面的要素、目的和决定填充，它是以精神填充的，而且自己知道它是所有的真理和现实。这种填充与它的形态并不一致，精神作为本质与它的意识是不一致的。精神只有在它也为自己存在于它的真理之中

时，就像它在它自身的确定性中那样，或者它作为意识分裂成的两个极端明确地以精神的形态互为对方时，它才是作为绝对精神的实际存在。精神作为其意识的客体所呈现的形态，仍然由精神的确定性填充，就像由它的实体填充似的；通过这种填充的内容，客体避免被降低为纯粹的客观性，或降低为自我意识的否定性的形式。精神与自身的直接统一是基础或纯粹的意识，在它的内部意识分裂［成为主体和客体的二元体］。在这种情形下，被封闭在它的纯粹自我意识之内的精神，并不作为整个大自然的创造者在宗教里存在；它在这种运动中真正创造的东西是它作为精神的形态，这些形态共同构成精神现象的完整性。而这种运动本身则是通过其个别方面或通过其不完善的形态而形成它的完整的现实的过程。(501—502/415—416)

但趋势非常清楚：图像思维处于理解和理性之间的中途，它以这种方式标示出来，并显示出一种向上的运动。 122

当宗教提高到图像思维（Vorstellung）的层面时，它获得一种爱争论的特征。它的内容不是以感性的直觉来理解，也不是直接以图像的形式来理解，而是介于中间、在通往抽象的路上，并且感觉或图像被提升（aufgehoben）到普遍性：这种扬弃必然包含一种与图像的否定关系。然而这种否定的趋向不仅触及形式——因为直觉和图像思维之间的差别只能在形式里显现——而且还涉及内容。在直觉里，思想与再现方式的联系非常密切，以至于像是一个整体，而图像作为一种思想的意义与它是非常本质的联系，因而不可能与它分开。但是，图像思维产生于确信绝对真实的思想不可能以图

> 像的方式来理解，事实上就是确信图像的再现是它的内容的一种局限；因此图像思维否认直觉的一致性，破坏图像和它的意义的一致性，并为自身而提升意义。[1]

123 在一篇旨在通过对其他节奏的阐述取代黑格尔旧的三重组合的三段式发展的文章里，尤其没有必要煞费苦心地在宗教的章节里论述它的双重作用：在三位一体里，圣父是普遍的，圣子是特殊的，而圣灵是个体的；而在黑格尔的整个宗教历史的发展计划里，前现代的崇高是普遍的，希腊的拟人说是特殊的，而基督教或三位一体的宗教是个体的。

不过，我们这里更感兴趣的是这些宗教人物与理性或严肃哲学思想的关系；我们必须承认——由于像对一切其他事物那样出于政治的考虑，由于谨慎和自我审查——黑格尔的实际含义显得模糊，不清楚是否意味着在思辨的思想开始之后宗教继续存在，是否会与它共存，像某种形象的伴随者，或实际上像教育的某个基本学科；或者，如像声名狼藉的“艺术的终结”，是否它那时也已经完成了它的目的，可以让它整个消失。（这个问题也包括黑格尔在导言中提出的关于深奥与通俗原则的争论。）

无论如何，这种出于图像思维的转换，似乎包含着我们老朋
124 友的作品的干预，它以某种方式使我们既想到维柯（正确—真实）又期待当代美学（对这种美学，物化被定义为从产品中消除生产的痕迹）。黑格尔在这种语境中断言，

> 只有当自我已经生产了它，并因此把客体的决定看成它自己的决定，所想的东西才不再是某种［完全］被想的东西，某种对自我的知识陌生的东西。(504/417)

对于基督教，甚至对路德派或内心感觉/虔诚派的基督教，这是一种不无其危险的思想；而且，也不无其哲学和文学—批评的问题，因为甚至排除旧的作者意图的观念，也不足以使我们的图像思维充分意识到作为一种表意的计划。

但是现在，到了从当代寓言理论的有利地位来考虑所有这一切的时候，黑格尔在这里和在《演讲集》里对宗教的论述，以及在《历史哲学》里，他都预示了这种理论。这些理论必须简要地概括为一般难以摆脱的两个命题：第一个是寓言结构与象征结构之间的根本区别；第二个是抛弃旧的点对点地阅读寓言的看法，也就是从本质上说，抛弃把人格化作为寓言最主要的模式的错误看法，因此传统的寓言范式，例如《天路历程》，将不得不以某种新的非拟人化的方式重新被概念化。

至于象征，自从柯勒律治以来，它一直被限定为再现中的一致性的方法；没有什么理由改变这一说明，除非认为一致性今天 125
对我们可能不再有同样的美学价值。一致性确实是黑格尔自己在对图像思维的论述中发挥作用的特征之一，但即使在这里它作为结果也明显与统一本身不同。

图像思维（或者按照这里的翻译：表征）“以它在其确定性中被看作孤立的方式保持着所有感觉的和精神的内容……在表征里……突出的特点是自足自立；它们可能属于一个整体，也可能被置于彼此之外”[2]。除了浪漫主义的关键词，我们需要另一个术语“碎片”来表示这种寓言的、脱离其条件的“孤立”的特征，甚至“属于一个整体的……这些特征”自由独立的性质，例如在《尤利西斯》里乔伊斯的身体器官：这些部分不是碎块，它们本身是完整的，然而被标明是一些部分，在观念上被作为从属的。

另一方面，思维——这里最好称作概念思维，而不是抽象的或哲学的思想——强调关系（有时黑格尔称它为“必然性”，以此理解并突出相互依赖性）。因此它把寓言作品转变成关系结构，这种结构决不是象征的“有机”统一结构，但它保持各个不同部分的关系距离，以便它们仍可以根据它们彼此的作用来理解（如在对立统一中那样，从肯定到否定往返交替）。这就是“思维”的方式，按照黑格尔的看法，“思维”不会把寓言“坏的”孤立的部分重又融合到象征的原始统一，而是继续把它们标示为彼此孤立，同时恢复它们相互作用的网络系统。

因此，当代寓言理论把这种结构理解为两种原则的相互作用：自治的原则，或完全孤立，它们的各部分没有从属性（在那种意义上它们不是碎片）；同时把那些部分标示为在概念上是不完
126 整的，是处于更大的表意结构中的分离的部分。这两种特征在寓言的自我表示中结合为一个过程，而不是任何已经达成的结构或实体。因此寓言往后看是幻象作为一种感知与其客体的分离，往前看是“部分—客体”作为一种更大的永远不可能充分满足的动机的范例。[3]

我们已经恰当地看到，黑格尔对宗教的各种讨论应该被视为一种类型学，而不是某种目的论的或发展的叙事[4]；事实上，我们这里对《现象学》有些结构主义的阅读表明，这种方法可能有助于使黑格尔整个作品的阅读陌生化，把每一个阶段重塑成一种关于主体/客体比率的确定的变化。无论如何，类型学的结构在宗教的图像思维里清晰可见，在这种图像思维里，所有把各种宗教作为文本的精到的阅读，都表现出黑格尔的艺术鉴赏以这种比率转换。我在其他地方曾提出印度宗教艺术作为这种阅读范式的例子，其结构从物神崇拜延伸到三位一体本身；关于这个例子，人们不需要在黑格尔时期那种文化和历史知识范围的意义上进行辩护（因为黑格尔自己似乎已经知道当时应该了解的一切东西），但它要求转移强调的重点，从通常的欧洲中心主义甚至种族主义（如臭名昭著地援引非洲是没有历史的地方），转移到只是这种结

构变化的方案（其中对这种或那种宗教的认同相对地无关紧要，或者是机会主义的）。以第二种方式考虑，宗教的一章对当代的解释实践和方法非常具有启示性，它会使我们进入最后一个建议，即如何更好地利用黑格尔含混的宗教理论，把它作为社会总体性的一个半自治的维度。

实际上，在《现象学》最后独立存在的这一章里，黑格尔的宗教概念可以理解为一种尝试，他试图提前以一种探索历史前景 127 的形式把我们在当代所说的文化的可疑的特征概念化，在最宽泛的人类学或文化研究的意义上，把组织日常生活并改变和形成主体性的东西概念化。事实上，在这种意义上，今天的宗教，以其无数的形式，本身只是一种文化体系的残余，而这种文化体系曾一度支配着一种更简单的社会总体性的所有特征和可能性：这种体制是社会关系和生产固有的，其固有性远远胜过任何在现代世界被说成是上层建筑或意识形态的东西。对于这种看似比我们自己的世界更统一的世界，今天的基要主义表现出怀旧的情绪，然而作为一个独特实体的某种宗教的概念，其可能性本身暴露了传统世界内部不可避免的鸿沟或内在的距离，而那种奇怪的想法却掩盖或隐蔽了这种情形。

黑格尔的宗教分析所预示的文化概念，也不会局限于美学或所谓的高雅文化或高雅艺术，虽然黑格尔的理论对于在更大的文化内部重新审视这一更专门化的“文化”领域具有启示性。因为在他的三个阶段里——崇高、古典和浪漫主义——最后两个可以看作投射出今天现实主义和现代主义之间的区别：现实主义指拟人的或“人文主义的”对通常现实的再现；现代主义指远为更复杂的内省性的艺术，其中突出了再现的范畴本身，因而也破坏了它们。至于崇高阶段，它自身表明的情况是，艺术和形象文化的纯物质存在吸收没有观念的精神——不论在装饰里还是在对世界原始材料的感性迷恋中——从而形象文化被人为地产生出来。

在现代时期，艺术与宗教区分开来，或者与本雅明所说的它的崇拜价值区分开来，但它仍然像宗教自身那样下跌到一种残余的水平（尽管是一种专门化的、半自治的残存，也像宗教那样，还能够为自身和自身的意义提出非常自负的主张）。因此，正是
128 在文化更宽泛的意义上——文化作为对日常生活和对主体性生产的组织，意图是在一个特殊的生产方式内发生作用——我们应该找出最主要的与黑格尔的论述有关的相似部分。

因为，随着高雅文化和低俗文化的区分，传媒文化渗透到通常是高雅的文学之中，而后者作为一种文化的显要性也被响亮的声音和视觉（如果不是空间本身）取而代之，于是文化变成了一个相当不同的术语，它拥抱社会的总体性，把社会总体性作为类似它无处不在的表达的东西，或者（在黑格尔的意义上用黑格尔的话说）构成它的精神。正是在这种意义上，有时说一切都是文化，例如经济方面，它不再是独立可见的，而是在很大程度上通过其产品作为形象的文化价值表现的，不论在它们的生产中（在维尔诺［Paolo Virno］的作品里，工作即艺术鉴赏[5]）还是只是在这样的消费当中。

撇开把这种更一般的文化概念纳入马克思的上层建筑概念所包含的理论问题，我们会注意到黑格尔的宗教哲学里的一系列特征，它们与现代文化研究必然讨论的问题是一致的。首先，存在着我们可以称作这种上层建筑特有的基础，即存在着它们特有的机构和知识分子：传统的教会和牧师，它打开了多种知识生产的领域，充实这些领域的专门人才各种各样，从广告和娱乐行业的人员与关注文化分析和传播的大学教师和新闻记者，一直到博物馆的策划者和负责文化预算的政府官员，更不用说还有艺术市场的零售商以及其他艺术的类似的传播网。

显然，从这种观点看，今天的文化有其能动性的一面，相当于黑格尔讨论的宗教崇拜仪式。文化有其特殊的情感（或自觉情感），这种情感可能比黑格尔引申的那种同时代的宗教理论家（如施莱尔马赫）所提出的单纯情感更加复杂。最后，文化在再 129
现性和各种内省性之间有它自己多种不同的张力（这里的再现即高雅艺术里的“现实主义”；内省性有些类似“现代主义”，但采取多种不同的形式，从自我指涉、反讽的广告和商业用语到大众文化中更多的“文学”形式）。

但是，也许正是黑格尔以他对宗教想象或图像思维的探讨所做的寓言分析的实践，才是他的宗教哲学中最富启示的部分。因为在这里，那种仍然是非抽象的、体现在艺术或叙事的各种特殊的物质语言里的观念内容，已经得到承认并根据多种阐释方案被译解出来，而这些预示了意识形态分析本身。

按照黑格尔的看法，文化和意识形态的相互关系非常具有辩证的特征；他认为，再现和意义是一种“对立的统一”，或者更确切地说，不可能思考这些方面的任何一面独立存在，也不可能在缺少每一面由其他方面辩证地定义的情况下思考。正是因为这种情况，黑格尔探讨他称作宗教的方式中的异质性，才对当代的文化研究意味着一种意外的方法论的教训，对这一命题我会在其他地方阐述。

【注释】

[1] Hegel，“die Vorstellung”，in *Vorlesungen über die Philosophie der Religion*（1821），in *Werke*，vol. 16，pp. 139—140（英文是我自己翻译的）。

[2] Hegel，“die Vorstellung”，in *Vorlesungen über die Philosophie der Religion*（1821），in *Werke*，vol. 16，pp. 152—153.

[3] 在 *The Poetics of Social Forms* 的第二卷（题名 *Overtones*：*The*

Harmonics of Allegory)，我计划更广泛地讨论寓言。

［4］Peter C. Hodgson，introduction to *Philosophy of Religion*：*the Lectures of 1827*，by G. W. F. Hegel，ed. Peter C. Hodgson（Berkeley：University of California Press，1988），p. 26.

［5］Paolo Virno，*A Grammar of the Multitude*，trans. Isabella Bertoletti，James Cascaito，and Andrea Casson（New York：Semiotext［e］），2004.

第 11 章　对绝对性的自我陶醉

当代对辩证法的普遍否定，特别是对黑格尔辩证法的否定， 130
在其他地方已有论述。[1]然而，对于黑格尔的思辨理想——或主体和客体的最终同一——所引起的不满，我们这里还应该记住一个基本的根源。由于前面讨论过的原因，我更喜欢把这种不满与唯心主义的问题分开，而通常对否定的阐述依据的却是唯心主义。

对黑格尔体系中有时令人反感的东西，我觉得自我陶醉是一种更好地确定它的方式。它并不完全是黑格尔哲学计划包罗万象的雄心——有时被污蔑为总体化——尽管那种雄心特别令人讨厌（如存在主义者认为的那样，他们否认把他们自己的个体经验归纳为辩证的一个阶段），因为我们仍然力图理解总体性，不论以现象学的方式还是以某种其他的方式，而且我们仍然努力把我们思想中分离的碎片与我们的经验相联系。如果争论的东西只是把世界转变成意识或主体，唯心主义也不是最有力的指责（因为存在主义者以他们自己的方式也这么做，而所说的主体也不一定就是中心主体，正如我们在这里已经尽力表明的那样）。

不，我觉得黑格尔体系最严重的缺陷是，它把思辨的思维构 131
想成“它自身的完美实现”（即理性的完美实现）。我们在论述黑格尔对认识论的批判时引用过这段；但现在也许可以引用它来反对黑格尔自己：理性，他在那里说，“必然要求那种差别，那种存在，以其多样性完全变成它自己的，它把自己看成真实的世界，并觉得自身呈现为一种形态和事物”。于是我们搜索整个世界和外部空间，最终只触及我们自己，只看到我们自己的面貌通过他性的大量差别和形式持续存在。永远不可能真正遇到那种“非我”，不可能与根本的他性面对面（甚至更糟的是，不可能发现我们自己也处于一种历史的能动力量之中，而正是在那种力量里，差别和他性才被无情地压碎）：这就是黑格尔辩证法的困境，当时关于差别和他性的哲学只能以神秘的召唤和规则面对这种困境。但这种指责很可能主要是对黑格尔体系本身的挑战，而不是对我们在这里已经尽力表明其异质性的《现象学》的挑战。

同时，关于绝对精神，最重要的是不要认为它是一个“时刻”，不论历史的还是其他的……

【注释】

［1］见 Fredric Jameson，*Valences of the Dialectic*（New York：Verso，2009），第三章。

索　引*

* 页码为原书页码，即本书边码。——译者注

附录 1　黑格尔与物化

黑格尔是一个大器晚成者。《精神现象学》出版时，他已经 75
37 岁；而随后出版《逻辑学》时，他才只有 42 岁。写作第三本著作时，他的职业境遇十分困难。他还没有获得大学里的职位，而且确实不能适应他当时谋到的高级文科中学校长的职务。《精神现象学》在 1807 年出版后的反应令人失望；实际上，一直到 19 世纪晚期，在狄尔泰的著作中，它才获得对于我们的这种中心地位。

我们所谓的黑格尔主义是以《逻辑学》为中心开始形成的，正是这本《逻辑学》使他最终获得海德堡大学（1816）和柏林大学（1818）的教授职位。《逻辑学》——也被称为《大逻辑》——事实上，在黑格尔出版的著作中，它只是该主题的第一部。第二部，小逻辑出现在 1817 年出版的由三个部分组成的《哲学百科全书》。这些书本来打算用作学生手册，以配合教授关于这个主题的讲座，幸运的是现代版本包含了黑格尔对单个条目的口头评论，较之具有里程碑意义的《大逻辑》本身，为理解这些条目提供了一条更容易的途径（在下文中，基本上参考的是《百科全书逻辑》[*Encyclopedia Logic*]，用的是威廉·华莱士颇具吸引力的苏格兰译本）。[1]

不过，今天，在符号逻辑和现代数学的所有复杂性都出现之后（它们是 1847 年由布尔［Boole］发展起来的，黑格尔活着的时候没有看到），黑格尔在传统逻辑改造上表现出的创造性可能
就不那么明显了。尽管如此，各学派对亚里士多德逻辑的态度， 76

其特点或许可以通过一种方式传达出来，也是通过这一方式，三段论所有可能的形式在中世纪都各有专名：Derit 或 Cemestres，Featino 或 Darapti，Patiat，Bocardo，Ferison 以及 Fesapo，所有这些都是具体的三段论公式的名称。（如果知道当时提倡这样一个名单，你就很容易想象那种教学的实际情况了！）

黑格尔偶然产生了一个想法，将亚里士多德逻辑机制中的元素重新翻译成真正的哲学概念。他做得非常成功，以至于在逻辑史上黑格尔几乎不被提到，似乎他从一开始就以某种方式隐瞒了使之成为“逻辑”的方法和手段。然后，这些不同的元素（或方面，在德语中是 *Momente*）被排列成一个看似序列甚至目的论系列的事物。要明白在这里什么最关键，我们就必须考虑“呈现”或“表现”（*Darstellung*）的问题——如何将这些材料陈设出来；同时还要接受**“总念”**（Notion）这个结论性术语——*Begriff* 或**绝对精神**——我要论证，它不是一个临时的想法或一个历史阶段（德语 *Moment* 这个词意义模糊：作阳性词时，它有英语“moment”一词的含义；但是作中性词时，它的意思就是指某个方面）。在黑格尔的范畴系列中，它们不断上升的扩展以及每个“moment”在什么程度上本身就站不住脚，而是要依靠另一个特征或“同样的”外部本身，这个外部本身还是要重新回到思想过程中去，这些都是有顺序的。最终的**总念**或 *Begriff* 便成了一个自给自足的概念，它就是一种 *causa sui* 或“自成原因”：斯宾诺莎的“上帝或自然”将是一个恰当的类比，的确，黑格尔认为自己是斯宾诺莎的对手，他试图将主体性和意识（“系统或主体”）包含进后者的总体性这个非凡前景当中。

但是，我们希望看到黑格尔的形式所取得的进展，两部《逻辑》都有清晰的大纲：三个部分——在他的术语中被称为“存在”、“本质”以及“总念”（*Sein*，*Wesen*，*Begriff*）——标明了我们或许会在下文中描述的生活和思想范围。**存在**诸范畴是常识的范畴或客体之间的一种日常生活，在这些范畴中，非矛盾法则占据着主导地位：这是一个“知性”（*Verstand*）或**理解**（Understanding）的世界（用哲学术语表达就是白昼），在下文中它会得到全面的论述，因为它是关于延伸和客观现实的思想，一种必须物化其自身以掌握其物化对象的物化思想。

那么**本质**王国就是诸范畴在心灵内部彼此作用和反作用的方式，更确切地说，它是辩证法本身的王国，在这个王国中，我们明白了在什么程度上“定义即否定”（又是斯宾诺莎）以及每个思想都与其对立面相连接。用当下的哲学语言说，这一领域可以说是自反性或自我意识的领域。

最后，还剩下**总念**本身，它被分成两个区间：**三段论**和**生** 77
命。我建议将这些黑格尔比喻中的第一个翻译成逻各斯语言，它的运动和活力将世界本身及其时间组织在一起。那么，我相信，**生命**思想——我们还在前达尔文主义的语境中，在这一语境中，以生机说（vitalism）或柏格森的生命力量作参照恐怕要犯时代错误——正是黑格尔将物质世界从机械唯物主义当中解救出来的方式，也是他指定客观宇宙（或在其最广泛意义上，即自然）的组织构造的方式。那么，**绝对**（The Absolute）就是这两个平行范围之间的德勒兹的“褶皱”，它在我看来等同于斯宾诺莎所谓的两个“属性”（*cogitatio*）和“延伸”（*extensio*），两个毗连又平行的区间或代码，所有的现实都可以往复翻译成这两个代码。在我看来，这就是有人想要称之为黑格尔的形而上学的东西，因为他试图将“内容”赋予他思维的抽象形式，或将“意义”赋予其语法和句法。对此，他自己是知道的，这可以从他坚持称《逻辑学》的这第三个部分为思辨思想，而不是辩证法（dialectics）推断出来，由此，他的意思似乎是，思维及其对象之间的同一性永远不可能被证实，而只能通过一种理性的跳跃对其做出断言。我们必须在它所有的当代意义上将它这一跳跃（或它的形象化内容）标示为形而上的，甚或是意识形态的。

1

关于《百科全书逻辑》的这些注释，需要以三个观察作引子，我反复使用“范畴”一词来描述本文中那些最关键的结构和我对时间性的态度，传统上，这种时间性是一种方式，在《逻辑学》中，那些范畴应该在某种辩证的时间里以这种方式自我生产并催生其后续的范畴；我还补充了一段关于理想主义的评论。第一个或术语方面的疏忽是因为我认为《逻辑学》是黑格尔对康德的卓越洞察力的延续，后者对亚里士多德随意列举的范畴名单的更深层组织有非凡的洞见。康德的洞察在本质上是一次空间的洞察，他把这些范畴分为四组：量、质、关系以及样态（modality）（黑格尔在**存在论**［the Doctrine of Being］中利用了前两组，在**本质论**［the Doctrine of Essence］中利用了后两组）。对康德这一排列本身进行考察是很有意思的（它的四折构造迫切急需做出解释）。我们在这里能做的就是留意黑格尔对这一结构所做的非同寻常的修改，它实际上将康德的空间组群投射在时间性本身上
78 （关于此，更加简短）。尽管他没有使用这样的术语，将《逻辑学》中的时刻——它们所涉及的范围从**存在**或**必然性**这样的论题到比较小的问题，如**界限，相互性，偶然性**（Accident），等等——按照康德或亚里士多德的模式描述为一份扩大了的“范畴”名单似乎是合理的。如果是那样的话，是否应该有一个关于**范畴**本身（结构主义时期非常流行的一个思想，德里达在其关于本弗尼斯特［Benveniste］的文章中有些轻蔑地加以否定的思想）

的范畴？或许，困难的是在《逻辑学》形成的过程中，它们在进化，在改变，以至于最初的**存在**范畴——如果它在本质上是一个范畴的话——绝对不是为了成为像**总念**那样的同一种精神实体，**总念**是对这些系列做出的结论，因此，将这一术语或类别在一开始就强加在时刻上是要迫使它们发展成为一种僵化的、统一的模式。但是，如果这些时刻不能排在范畴类下，那么它们究竟是什么呢？

这是一个问题，它引发了关于这类“范畴”生发其间的空间的更普遍问题，我们以前没必要向康德或亚里士多德提出这些问题。对后者而言，它们不过是关于某个存在或某个现象可以“说”的一些事情。以此方式，亚里士多德悖论性地接受了他的现代符号学批评家的思想（本弗尼斯特，艾科［Eco］），他们坚持认为，他的“范畴”不过是某种地方性印—欧语法的投射和沉积。但是，亚里士多德本人确实已经将它们置于言语当中（我们关于各种存在所能说的一切），即使他没能提出各种语言的认识论相对性这一话题。

至于康德，他还不是一个哈贝马斯主义者，或丝毫没有感觉到结构主义或后现代主义的语言和交流至高无上这一信念占据着统治地位，他恪守心灵本身，将范畴理解为诸多“理解的概念”（concepts of understanding），它们控制着判断和那些被认为要成为精神上的“再现综合”（syntheses of representation）的认识。尽管如此，他依然处理了某种非常容易识别的传统“空间”——心灵——在心灵中，就如同在亚里士多德的“言说”中，范畴能够舒适地栖居并找到发挥它们效能的地方。无论黑格尔如何看待心灵或语言，那些都不是他的范畴生发的“地方”：将这称为最后的**精神**甚或**客观精神**是在乞求这个问题，因为定义**精神**需要的恰恰首先是范畴空间。

所以，相对而言，它们似乎没有处所，也没有躯壳，它们不是某种**心灵**的思想，甚至不是一种超验的思想（因为，首先，它们甚至不是思想），无论**绝对精神**是什么，或无论黑格尔的**本质**与**主体**的组合可能被作何理解，它都不是一个全知的、人格化的叙事者。事实上，我倾向于认为，在现代这些如主体性或元素之类像容器一样的总念不在场的条件下，在一种无空间状态中，想象黑格尔的范畴“空间”会更好。这使得这些范畴在黑格尔那里更能与具体的情境或事件联系起来；一直都承认这样一个显而易见的事实，即无论求助于怎样的“空间”或“语境”，它本身都始终是据称它已经控制或包含的那些范畴之一。因此，我们在这
79 里再一次碰到那个著名的悖论，即“阶级是其自身的一员”，类似于通过竭力想象事物的一种状态而“得到解决”的事物——或说得更确切一些，是一种话语——本身不受这种表现同质性的束缚，而且能够在没有框架或背景的情况下容纳一系列“事件”。对此要补充的是，这些时刻的特性在某种程度上都与“野性思维”（*pensée sauvage*）[2]有关，因为《逻辑学》在普遍性尚不存在的情况下完成了对源于细节的局部普遍性的建构，而且我们还有一种更具悖论性的靠近黑格尔的方法。（预想一下，有人可能会说，即使黑格尔是在普遍性形成很久以后才出现的——总之，这就是西方哲学的定义——我们可以设想有一种刻意为之的悬置，在他对范畴本身新的“思辨”戏剧化中将普遍性悬置起来，以此来验证这种方法。）

但是，与范畴概念相关的其他重要问题依然存在。尤其是康德关于它们数量的问题依然存在：它们能否全部被缩减成四组，每组包括三个范畴？如果不能，为什么不能？鉴于黑格尔坚持它们演变（见下文）的“必然性”，我们是否要相信他认为自己已经给了我们一份完备的名单？换言之，在哲学上检验（或“证

伪”）他的计划的一种方法是建立在其完备性基础上的：他没有想到的范畴能被补充进来吗？如果可以，在何处，为什么？而且要将这一切更进一步历史化，我们能否设想黑格尔时代不存在的**新**范畴会历史性地生成，或更古老的范畴会消失？而且**野性思维**的什么内容？尽管列维-施特劳斯谈不上认为这种部落的感知科学是“原初的”——事实上，他将其描述为“结构主义的”“早于字母”（*avant la lettre*）——他无疑要为它与我们自己的（西方的，资产阶级的）思维之间的巨大差异辩护，这使得我们有权利知道关于范畴的同一份名单是否在部落时代（或在其他生产模式中）依然有效。这是一个伍尔夫—萨皮尔式的问题（我们的思维是我们语言结构的一种投射），它在很大程度上启动了关于范畴的问题，而且它或许在眼下这个事例中由于常常被当作黑格尔的欧洲中心主义的东西而变得更加恶化。

2

现在是我在准备阶段的第二个观察，它与时间性有关，它也 80
不仅仅是一个组织或 *Darstellung*（呈现，展现）的问题，黑格尔据此提出了展开各种系列或顺序的叙事虚构（narrative fiction），旨在更有效地将这些范畴的珠子一个一个地串起来。如果它仅仅是组织问题，你会期望对每个范畴的阐述是一件相对静止的事，所以你可能最终打开一本被称作百科全书的书去查这个或那个条目，就可以找到比如“本质”，或者“必然性”，或者“界限”的“定义”，为的是查明意义（meaning）到底是什么。但我们不能这么做，因为这些范畴的时间顺序好像是要表现**总念**本身的自我生产、自我发展以及自我演变。因此，我们基本上不要预想在我们已经将其理解为无空间文本的情况下，为了完成一个全面的讨论，任何给定的范畴会需要一个有关在它之前或之后出现的事物的阐述。这就是说，每一条概念事实上都产生了自己的语境，一旦它转变为其他的事物，它同样会消除这一语境。因此，这些范畴都是针对具体的情境或语境的，但我们要明白根本没有一个总体的情境或语境，没有一个预先给定的总的概念场景。

这一点对读者而言就是《逻辑学》绝对不是一篇传统的哲学论文：它不是虚张声势、费尽周折地回顾论证的每一个步骤，试图重新改造并因此掌握或“理解”这些步骤，由此竭力对某个思想加以论述，读者则力图这样做。或者确切地说，这类做法在某些特殊的时刻似乎发生过，而我们无疑仍然绞尽脑汁地想要明白黑格尔这样做或那样做的意义是什么，但是阅读《逻辑学》这个行为在很大程度上比那更加复杂，它要求我们像读一本复杂的小说那样处理更大单位的记忆，在这些记忆中将单个的片段组织起来。说得更确切一点，《逻辑学》像一首音乐作品，它的文本是总谱，我们必须自己在脑子里进行演奏（甚至策划）。就像我们谈论现代主义文本时常说的那样，我们只能重读它，每一次阅读都带来新的、更加微妙的相互关系（主题的重复，细节的策划，和声的独创性），我们以前没有听到或注意到这些。有时，这种重读也让我们更乐于接受巨大的高潮、夸张的逆转（阿多诺常说，伟大的断言“本质一定会出现”就像贝多芬音乐中的锤音）。这个类比或许不能完全证实格雷马斯的假设，即哲学文本在其深层结构上也是一种叙事。不管怎么说，趋向文本的审美定式将文本从哲学化和争辩的身边，更从真理的身边移开，并且因此承担了一种风险，即使其丧失最基本的驱动刺激和热情，当然还有其
81 最正当的理由。所以，我们越是坚持阅读《逻辑学》的快乐，从长远的角度看，我们开始读它时受到的诱惑就越少。

3

所以，我们现在用另外一种完全不同的方式来说这件事，我们坚持认为，诸多失败构成了《逻辑学》的更深层记录；大部分哲学讨论都声称拥有一种它希望成功记录甚至传达的概念性成功。黑格尔的时刻从定义上讲就是失败的时刻：思考失败，没有能顺利地获得概念，没有能完成一个哪怕是有限但却完整的智力行为。他这项书写任务因此将是一次悖论性的自我拆台：（成功地）演示了我们如何必然地在思考这个或那个范畴时遭遇彻底的失败。但为了让这一失败有意义，它必须是一个非常基础的、十分重要的失败，它必须是真正努力思考的结果，而且必须是出现在顽强地、不顾一切地对有争议的范畴进行抨击之后。它无疑是一件令人沮丧的事情：谁能够在它们中间发现它要为一项事业、一个实验承担责任，这项事业尚未开始就已经被输掉，这个实验的前景就是证明其本身是不可能的？拯救这件事的无疑是这样一个简单的事实，即无论它们在知识上或概念上是多大的失败，这些范畴是日常生活和日常言谈的结果，它们被重复了一遍又一遍，根本不可能用其他任何更完善、更纯粹、更乌托邦的事物来取代，黑格尔也没有试图这样做，即使他似乎要假设将“哲学化”作为某种不完全被大众所接受的活动。

无论如何，我们仍然要避免一种印象，即所有这些失败在某种程度上都是“一回事”，就像我们要警惕这样一种假设，即从一个范畴、一次失败向下一个范畴、下一次失败的过渡在某种程度上是“一回事”一样，我们当然更要避免这样一种暗示，即所谓的范畴本身，即使不是雷同，它们的形式层面从某种意义上讲也是类似的。用来描述这些事情的术语都非常致命地强化了这类暗示和幻觉：如果你用“范畴”这个词来指不同的概念，在这个特殊的种属名下对它们进行分类，难道你不是预先已经承认有一种基本的亲缘关系存在吗？如果我们称黑格尔贯穿整个文本的概念运动及其时刻是辩证的，难道我们不是同样在暗示有某种一致性，有某种标准动量，有对同样过渡的重复，有同样的变形吗？这可能是何以黑格尔采用了诸如“辩证的”、“真理”、“理性的”、“理性”这些词语的原因，然而，文本本身却反复表现本段前面所描述过的各种错误和幻觉：它们是“知性”（*Verstand*）、“理解”、外部及空间的图像思维（*Vorstellung*）所造成的恶性影响，将它们等同于更现代的（尽管仍然无疑略微像黑格尔的）术语“物化”是很诱人的。“知性”是被物化了的、物化性的思维；其
82 领域是我们在《逻辑学》第一部分遇到的那个真实的关于存在的世界和物质客体的世界。

“知性”虽然无处不在，它关于日常生活本身的思考单独讲却是个反面形象。我们不能说在整部《逻辑学》中，黑格尔像一个侦探一样地追索真理，但我们无疑可以说，他找到了错误，而且错误总是在任何地方都以“知性”的形式出现。《逻辑学》因此不是一部“教育小说”（*Bildungsroman*），在其间，小小的**总念**长大了，了解了这个世界，并且最终达到成熟与自主的境界：那或许可能是《哲学史》的叙事图式，而且仍然可以在其所谓的目的论中找到蛛丝马迹。确切地说，“知性”就是这项研究中那个伟大的魔术师阿奇麦格（Archimago），是错误本身，是所有诱惑最重要的来源——例如，在一瞬间停留下来，然后就在那里安家落户了。但是，与《仙后》（*Faerie Queene*）不同，如果这儿有一个恶棍，但却没有英雄，没有骑士，不是辩证法，不是“理性”（*Vernunft*），不是**真理**，也不是**思辨性思维**，甚至不是**总念**本身，冲上前去与这种凶恶的力量战斗（尽管或许可以论证哲学

本身就是一个英勇的斗争者，这个词除了意味着黑格尔，还意味着刚刚提到的所有其他的肯定性事物）。而这可能与这样一个事实有关，即“知性”也有它自己的地盘，就像我们已经提到过的那样，而且不仅不能被永久地铲除，这样做可能还会产生麻烦，需要做的是驯服这一模式并恰当地利用它，而不是将它消除。罪恶和错误在斯宾塞那里无疑是一样地难以根除，或者无法想象将其彻底根除，但是善良的或基督徒的心灵一直向往这样一种可能性（eventuality）并且希望有一个类似事情可能实现的王国。不管**绝对精神**可能施行怎样的统治，似乎都不会做那样的假设；它也不可能假设臭名昭著的“历史终结”之类的结论，甚至也不会假设在黑格尔那里有这样的东西。

4

关于黑格尔的理想主义，我可能说得更加简单，一种相对而言不很理智的指摘，因为似乎一开始就不再有什么理想主义者了（即使每个人都喜欢谈论唯物主义）。我想在将唯心主义同理想主义区分开来这件事上不会有什么异议，尽管唯心主义在宗教上的复兴品种齐全，但在我看来，也不会再存在下去了。或许，在某种更加形象化、更具意识形态意义的层面上，理想主义存在于一种绘画当中，它脱离了肉体，是所有可能与纯粹肉体相关的事物的一种持续升华。在此，我们是站在更加坚固的基础上，毫无疑问，黑格尔主义中的这种基本运动主要是一种深刻的怀疑，不仅怀疑感知（《现象学》开头的“这里”和“现在”），而且怀疑直 83
接性。但是可能存在一种间接的唯物主义吗？一个间接的肉体我们还仍能称之为肉体吗？但是，在这里要对一些悖论进行观察，而且重要的是首先要记住，或要明白，马克思的“商品拜物教”

也不是直接的唯物主义，而是恰恰相反，其自身就是一种被玷污了的无意识唯心主义。

至于黑格尔在其文本中用到的“理想主义”，它的正确翻译跟所有这些考虑相距甚远，它就是指所有那些话语中的理论系数而已，这些话语自己声称要恪守事实，避开形而上的思辨，忠实于依靠常识和日常生活的固执的经验主义。这一论点在 1960 年代被形形色色理论的铁杆支持者所更新，他们沉迷于证明，这些当时构成了我们霸权话语的英美经验主义立场的核心有着深刻的理论性，尽管很隐秘，而且要证明简单朴素的现实主义思维由于各种理论前提已经腐烂透顶。这已经是黑格尔与科学家和其他“现实主义者”的斗争：“有限性的理想性（ideality）是哲学重要的座右铭；而且因为这一原因，每一种真正的哲学都是理想主义”（*EL*，par. 95；*W*，140；*GSH*，230）。

最能说明这种理想性（或理论性）在那些似乎仅仅是诸如经验的或“事实”的、外在的、有限的、物质的等事物的核心依然活跃的例子是数学：“量无疑是**理念**（Idea）的一个阶段，而且因此必须有其应有的权力”（*EL*，par. 99；*W*，147；*GSH*，211）。数是这种凝固或结晶的理论的缩影：源自连续和离散之间的辩证法，其排布是极其哲学性的（如华莱士所言，“所有的计算因此都是在编故事”——因此用德语加上了他自己的双关语[*er-zählen*]① ）（*EL*，par. 102；*W*，150；*GSH*，215）。

理想性，即范畴的这种隐匿在场，隐藏在我们看似外在的经验和知觉后面，在某种意义上却能够避开康德的主观主义，因为它似乎不是要把我们所有的“直觉”都推回到个体心灵的内部，由思想和知识加以处理。黑格尔的“理想主义”在康德的意义上

① 他—计数。——译者注

不是主观化，因为单个主体的组织在他的体系中是缺失的。他因为个人主义的不在场这个历史良机而获益，这一不在场可以被判定为前或后个人主义的，技术上的原因当然是个体仅出现在他那个系列的结尾部分，与**总念**一道，使得早先的发展没有受到主—客体分裂的影响。列维-施特劳斯的结构主义被很多人说成是“没有超验主体的康德主义”，而且我们已经把他算在主张“范畴”的哲学家当中。根据所有正当的限制条件，或许可以用同样的方式来看待黑格尔的“理想主义”：我们看到和思考的每一件事在定义上都来自我们的心灵和意识，甚至唯物主义者在这个意义上也是理想主义的。但是，在范畴系列的最后，“思辨思维”，84
总念或概念（*Begriff*）的思想再一次重新确定了主体客体的分裂，因为它们断定这两者之间是同一的；在这一点上，或许黑格尔已经再次变成了传统意义上的理想主义者，但直到那时才是这样。

5

现在，我们需要看看发挥作用的整个过程，我们来阅读或完成**存在论**著名的开始部分，连学校里的孩子都知道，在这一部分，存在被断定为与虚无“相同”。但是，这个哲学断言事实上隐藏、同时也表达了一个阅读难题（它实际上与《现象学》开始时提出的写作难题“相同”：我们能够谈论得最基础、最紧迫的事情——“这里”和“现在”——难道不是最空虚、最贫乏的吗?）。我们想以最真实、最基本、而且遵循笛卡儿的原则，即最简单、最不可分的事情开始。黑格尔很清楚，但它不可能是笛卡儿的我思（cogito），然而，它是一个最复杂的后期产物：它只能是**存在**，可以用来无一例外地谈论任何事情——一个可以被证伪的前提，因为它不回避任何人提出的更加简单、更加普遍的事物。

当我们试图思考**存在**时，这个阅读难题出现了。显而易见，它要求被思考："它不可能被体验，或被感觉所感知，或在想象中被描画，它仅仅而且只是被思考"（*EL*，par. 86；*W*，125；*GSH*，184）。它具有哲学史的权威，是埃里亚学派（Eleatics）最重要的起点，这一学派从未超越过它。但这是一种什么样的思考呢？心灵依然被卡在期望上；而且有人提醒你注意萨特对度假者面对**自然**时的惊叹所做的讥讽性描写——"对它，他们什么也想不了，因为他们对它什么也做不了"，等等。[3] 对**存在**也是一
85 样：一个空虚的思考，其结果将是虚无，在这个词的所有意义上都是如此。也就是说，当你试图要逼视虚无的内心时，它反过来必须是与我们看到、思考、命名的任何事物一样完整，这时，同样恍惚、空虚的冥想出现了。这种对等（它同样不能导向任何归宿）的唯一好处就是刺激人们去寻找一种识别方法（characterization）。而重要的是，我们只有像此刻一样有一个对立面或一个对等物，一个二元对立的系统，寻找才真正开始：存在与虚无，存在等同于虚无；但这是不可能的，因为它们是绝对的对立，等等。所以，我们到了这第一个阐述的关键时刻之一，在这个阐述中，黑格尔将心灵确定为一个处于分裂行为中的形象：

> 如果思想中的这种对立被直接说成是**存在**与**虚无**，其不存在所造成的震撼就太过巨大，以至于不能激发出努力去确定**存在**，去保护它不转变为**虚无**。带着这一目的，思考转而依靠为**存在**发现某种固定的预言这一计划，以此来标志它不同于**虚无**。因此，我们发现**存在**等同于一直存在于所有变化当中的东西，等同于**物质**，易受无穷的决定因素的影响……

（*EL*，par. 87；*W*，127；*GSH*，86）

根据对黑格尔的“理想主义”的论述，我们可能怀疑，对于物质概念，尤其是对于当你直接接触它时，它是否比**存在**本身更可信，他一定有着复杂的感情。有意义的是，事实上，这类“物质”过后会作为一种正式的范畴本身再次出现，但它在**本质论**中是一个二元的概念（*EL*，par. 128），不能为一元论提供基础。（尽管如此，也是在这里，黑格尔不断地对其指手画脚，而且竭力降低它的范畴自主性，我们在后面会看到。）

所以，我们好像走进了一个死胡同，这里只剩下图像思维（picture-thinking）：存在是纯粹物质在各种状态下的“坏的无穷性”；或者在某种程度上，是纯粹的光（light）这一更加体面的宗教形象；虚无是你能够想象出来的任何一种黑洞。在两者都完 86
全缺少内容这个意义上，无论是概念上的还是视觉上的，这些概念都是“同一的”，对此我们或许可以接受。这两个交替使用的术语的这种“同一性”如何同时也能提供某种形式的“统一”，这一点更难理解；而且事实上，黑格尔没有对此做太多的论证，因为他利用了一种内省方式，他内省的结果是我们已经有了这样一个概念，所以没必要再制造或发明一个。的确，如果它是不能简化的（即，如果它不能被**存在**或**虚无**重新吸收），那么我们也可以令人信服地假设它本身就是一个全新的范畴。事实上，黑格尔给我们提供了两种可能性：**形成**（Becoming），在第88段的正式文本中；以及口头评论中的**开端**（Beginning）。我们来看看后者的语言：

> 如果不理解（noncomprehension）仅仅意味着你不能**表现**存在与虚无的统一体，这其实远不是事情的真相，相反，每

> 个人都能提供无数个关于这个统一体的"观念"[*Vorstell-ung*]；如果你一个都没有，那只能意味着你在这些观念的任何一个当中没有［再次］认出当前的这个概念，你不知道它们仅仅是它的例子而已。最现成的例子就是**形成**（*becoming*）。每个人都有一个关于形成的概念而且会承认它只是**一个**概念；不仅如此，如果对它进行分析，可以发现对**存在**的规定，也是对**虚无**的规定，即存在无可回避的他者，包含在它的体内；不仅如此，这两个规定不可分割地包含其中，是**一个**概念；所以，那个形成就是存在与虚无的统一。——同样随手可得的另一个例子是**开端**（*beginning*）；事物［本身］**尚不在**其开端中，但是开端并不仅仅是它的**虚无**，相反，它的**存在**也已经在那里了。（*EL*，par. 88；*W*，130；*GSH*，142—143）

但这是一个引人注目的转折，而且几乎没有因为黑格尔随意的话语而被削弱，的确，我们或许已经省了我们自己的麻烦，首先从**形成**开始学习《逻辑学》。因为开端及其不可能性这一问题是所有黑格尔著作中最令他着迷的中心主题之一，而且在每本书（或许《哲学史》本身除外吧）的开篇几页都是不可避免的，就像它在逻辑上是不容置疑的一样（如果我们能用一页或两页的篇幅来总结一下哲学化的内容，我们不会在一开始就这么做）。但是，在这里（在对某个最合理的当代理论的期待中），用**开端**本身这个重要范畴开始：这个文本从一开始就是自动指涉的，自动指涉是一个现代主义特征，它一直表示这个正在被讨论的文本在制度性和社会性方面的地位是不确定的。你还可以考虑一下可能被称作黑格尔的生产伦理的东西（甚至，如果你喜欢，这个具体文本，即《逻辑学》的生产伦理）：

> 打算行动的个体因此发现自己似乎处在一个循环当中，每一个时刻都预设了另外一个时刻，所以，他似乎找不到一个开端，因为他只是逐渐了解到他最初的本性，这一定就是他的**结局**（End），**从这个行为中**，同时也是为了继续行动，他一定预先就知道了**结局**。但是，正是因为这个原因，他必须立即开始行动，而且无论是怎样的情形，对于开端、方法或者**结局**都没有更多的顾忌，就是继续行动。[4] 87

列宁在四月！的确，这个行动的辩证法（其最强有力的当代影响可以在萨特的《辩证理性批判》中找到）包含了黑格尔的政治理论（远不仅是《法哲学》中关于君主立宪和宪法的论述）的核心，而且或许可以说是距离他要成为德国的马基雅维利这个宏伟目标最近的理论。所以，在黑格尔那里，以**开端**作为开端绝对不是一个天真幼稚或一目了然的行动，而是一个完整的计划，《逻辑学》远没有实现这一计划，我们很快会看到这一点。

在这第二个时刻之后——实际上，它是最初的时刻——顺序方面的麻烦少了许多；华莱士的“在某种程度上”尚不是一个真正的**物**（我们在后面也会看到），它提供给我们“确定的存在”，并且提出了规定（determination）（质）的问题，随后，因为它是某些事物之一，又提出了数和量（这是关于存在那一部分的结尾）的问题。至于**本质论**一节著名的开始部分的辩证法（卢卡奇称之为黑格尔辩证法的心脏），我在别处已经做过详细的评论[5]，可以肯定地说，我们在这里观察到一个运动，从外部事物到内部关系和唯有定值（determinations），它们始终是二元的：

> 在**存在**当中，关系形式的出现仅仅是［因为］我们的反思；相反，在**本质**当中，关系作为它自己的规定属于本质。

> 当有些事物变成他者（在**存在**的范围内），它就由此消失了。在**本质**当中却不是这样：在这里，我们没有一个真正的他者，只有多样性，**一**（One）和**它的**他者之间的关系……在**存在**的范围内，相关性只是**隐含的**；在**本质**那里，正相反，它是被假定的。于是，正是这一点在一般意义上将**存在**的形式与**本质**的形式区分开来。在**存在**那里，所有的事物都是直接的；而在**本质**那里，相反，所有的事物都是相关的。（*EL*，par. 111；*W*，229—230；*GSH*，173—174）

但是在这一点上，我要以不同的方式来说这件事，目的是为了要考察某种非辩证或前辩证思维，甚或是反辩证的思维——“知性”或**理解**——在《逻辑学》的展开过程中发挥的结构性作用。

6

88 但是，收集散见于《逻辑学》整本书中对“知性”的参照却不仅仅是锻炼耐心，这实际上揭示了一个非常不同的叙事结构，同时也阐明了这种思维的性质，它不可能是真实、抽象的思维，而且它一定会被当成是一种关于外在性（externality）或“无差异”（indifference）的思想（处于感觉阶段）。但是我们必须抵制一种时刻存在的诱惑，即将“知性”归于一种关于直接性（the immediate）或关于**存在**本身的思想。事实上，最初关于**存在**的讨论说的是截然不同的事情：

> 所以，当一切都说完、做完之后，存在就是第一个纯粹的思想；其他任何或许可能被作为起点的事物（我＝**我**，绝对无差异，或上帝本身）最初只是某种被表现的事物，而不

> 是思想。至于它的思想—内容，很简单，就是存在。(*EL*，par. 86；*W*，126—127；*GSH*，139)

斜体部分是从德语“ein Vorgestelltes”(“und nicht ein Gedachtes”)翻译过来的，华莱士将其翻译为“一个物质化概念的形象”(*W*，127)。所以，从最开始，我们就发现纯粹的思想对立于表现性或图像思维，我们还发现，这个论证运动在很大程度上开启了将这两种精神模式区分开来的过程。是否“图像思维”(*Vorstellung*)像这样完全等同于“知性”尚未确定(它同想象的关系也不清楚)。不管怎么说，在下一段里，黑格尔继续展示给我们一个甚至更具戏剧性的替换，在他向“物质”滑移的一个例子中，他用“物质化概念”替换关于**存在**的纯粹思想，有关这个例子，见下文。

直到关于**形成**的讨论，我们才发现了对**理解**的一次直言不讳的攻击：具体来说，不仅是对“固定性”(fixity)——“eine feste Bestimmung”——的渴望受到指责，还有由此而产生的避免与矛盾本身相遇的企图也受到指责。

> **理解**这个抽象活动是一种由于强力而对**一个**确定性的附着状态，它努力要模糊或删除包含在它之中的另外一个**理解**的意识。(*EL*，par. 89；*W*，133；*GSH*，145)

跟在后面的句子直截了当地承认了这种“意识”，这一意识愿意将另一个确定性看作关于矛盾的一种意识。在这里，我们因此可能处在一种实际上的原弗洛伊德(proto-Freudian)运动当中，“早于字母”(*avant la lettre*)发现对矛盾的压制是“知性”的驱动力之一，也是将矛盾移位到有某种单独的、稳定的规定或质这个假设上。

在这个阶段，似乎很难确定哪一种动力是最初的——是到最
89 后几乎清晰可见的某种明确的知识的动力，还是焦虑在面对矛盾及其不稳定性时的动力。这两件事当然可能是一件事，是同样的事，但即便如此，它们还是提供了两种明显不同的方式来思考“知性”及其功能和动机，并因此要求有某种解决办法。同时，很显然，在**存在**的某个概念的进化中，这些早期阶段将对思维构成特别陷阱，形成“知性”大力投入的诱惑，尤其是因为“质”的领域是一个独特的领域，在其中，“单独的固定的规定性”可能有效地并且是固执地阻拦所有进一步的发展。

但是，现在，我们窥到了“知性”的另一个“属性”，是因为它偶然出现在关于现实性和理想性的讨论中。

> **现实性与理想性**通常被看作一对规定性，它们彼此相遇时都保持着同样的独立性，因此，人们说，除了现实性，“还”有一个理想性。但是理想性不是在现实性之外或脱离开理想性而给出的某种事物……（*EL*，par. 96；*W*，141；*GSH*，153）

所以，是那个“还”被做了否定性标示，并且吸收了形形色色的外部混合物、补充物、“和”的种种用法等等，实际上，在这一点上，有人想知道是否德勒兹对形式的纯化这一点——“和……和”[6]——在其强烈的反黑格尔主义方面不是明确地出自这个黑格尔的母题。

我们几乎是马上还会回到这一点，但这次返回来是结合了先前的母题，而且是在这样一个时刻，即到了古典哲学中的原子主义（Atomism）阶段，黑格尔更广泛地与科学家发生接触。他称

赞他们，因为在他们所发现的**吸引**和**排斥**之间的相互关系中包含了辩证法的细微差别，但他几乎立刻提出他们对于这个发现理应感到的自豪是放错了地方，因为在古人用原子代替分子的过程中，“科学已经离感性概念更近了，所付出的代价是思想失去了规定性”（*EL*，par. 98；*W*，143；*GSH*，155）。“感知的现在”（“Das sinnliche Vorstellen”），这个德国人说（而且出人意料的是黑格尔警告我们有更大的危险牵涉其中，因为正像他指出的那样，关于原子及其力量的问题是一个在当代政治理论中依然发挥作用的潜在隐喻；他可能还补充道，它的表现问题绝对与使它本身成为纯粹的物理过程而非形而上过程的理论或哲学内容一样有意义）。这在任何意义上都是图像思维能够威胁对立思想，也可以说是二元概念的第一时刻，在此过程中，现代科学本身被指责为图像思维，而对其他各种现代思维（政治的意识形态）的分析，结论是它们自身内部具有更深刻、更具形而上意义的图像思 90
维。在这一点上，黑格尔的诊断已经非常接近于意识形态分析本身，而且物化这个后者的优先主题也已经开始抬头并且将得到认同。

这种物化再次与**理解**达成同一，与此同时，它的概念难题也得到强调。

> 正是抽象理解确定了多（the many）的时刻，多以原子的形式包含在为自身存在（being-for-itself）这一概念中，而且抽象理解坚守着这一时刻，似乎是坚守着某种最后的事物……

“抽象的”理解现在有针对性地成为这种能力的名称，但是，它仍然需要图像思维来“固定”（*festhalten*）它的概念。黑格尔继续补充道：

> 正是同样的抽象理解在目前这种情况下，因为考虑到外延量（extensive magnitude）的一种形式，也是唯一一种形式，与没有受到任何偏见影响的感性认识和真实意义上的具体思维发生抵触。（*EL*，par. 103；*W*，152；*GSH*，164）

或许，它成为阻碍帕斯卡尔的“敏感性精神”（*esprit de finesse*）在其轨道上前进的绊脚石并非偶然：他讲到一个极端世故并且是“上流社会的”（*mondain*）朋友（毫无疑问就是舍瓦利埃·德梅瑞［chevalier de Méré］）如何理解不了无限分割性。反过来，帕斯卡尔对不能理解彻底性所感到的震惊使他详细地阐述了敏感性精神与几何学之间的对立这一理论。如果如吕西安·戈德曼（Lucien Goldmann）所认为的那样[7]，帕斯卡尔是辩证思想的伟大先驱，那么，这种巧合就非常有意思，并且对于辩证法而言，它也证明对错误的论述与对真理的论述一样占据着中心地位。

利用数（number），我们获得了某些思想形式的第一个外在性概念：它更具悖论性，因为关于数，黑格尔想要证明的绝对是它的理想性以及它的概念性所跨越的距离，它要跨越完全有限的、物质的或外部的现实。但这恰恰是辩证法的逻辑：面对一个以自身为参照被分割的现象，来证明所思考的理想性仅仅是外在的，继而证明那个被隐匿的理想性本身的外在性。这是一种诊断机制，它揭示了深层的、隐而不见的结构上的相互关系，但是，不能将此处分裂的事物重新统一于其一身。（如果说这样的重新统一在后来的某个时刻发生，这本身就是悖论的，因为后面的时刻应该不同于这个时刻。）整个过程或许可以通过量的讨论的
91 “结束”得到说明，这个结束也是关于**存在**本身这一部分的最后

时刻，因为黑格尔在此声明**尺度**（Measure）是数的秘密的终极目的：

> 无论何时，在我们关于客观世界的研究中，我们都陷在量的各种规定性中，在所有的情况中，我们所看到的尺度都是我们的操作的目的。（*EL*，par. 106；*W*，157；*GSH*，169）

尺度不完全是理想性与数的“综合”，对黑格尔辩证法的机械阅读可能引导我们做次期待：它就是数之间纯粹的关系，一种无疑可以用数来表达的关系，但不是其自身与一组事物相对应。有了纯粹的关系，我们在关于有限性的思维中便触及一个确切的界限，这个界限（像往常一样，与黑格尔的界限或边界相同）已经使我们超越了**存在**王国而将我们置于**本质**王国，在那里，所有的事物都是纯粹的关系（**本质**王国因此与普遍被庸俗地看作辩证的东西相对应，但是也同结构主义所探讨的所有对立相对应，从列维-施特劳斯到格雷马斯）。这也是从直接到中介的过渡：“在**存在**当中，所有的事物都是直接的，在**本质**当中，所有的事物都是相关的”（*EL*，par. 111；*W*，161；*GSH*，174；*GSH* 将“相关的”[relative] 翻译为“有关系的”[relational]）。

现在，或许应该回顾一下我们到目前为止对“知性”所做的描述：我们发现它常常要依靠图像思维（*Vorstellung*）这个拐杖，尽管它与后者并不一样；而且用同样的方法，通过将事物限定在具体和不变的规定性（“固定性”）上，它希望消除“真实思维”（**总念或概念**）的躁动或不安。同时，它是一种关于分裂和外在性的思想，一种镶嵌在有限性上的思想；它也是一种关于直接性的思想，而且不受任何复杂的中介过程的影响。我们已经使用了更现代的术语“物化”来描述**理解**，它丰富了我们对于物化的使用和这个概念本身，但也为黑格尔做了补充（不仅强调了他的现代性）。因此，对于处理外在性王国和相当于**存在**本身的“客观性”方面，“知性”似乎是唯一一个应优先考虑的思想模式，除非当我们在完成了其他部分之后，在我们将“知性”丢在身后的过程中，我们在“更高的”层面上重新思考那一王国。

因此，打个比方，在关于**存在**的部分，我们遇到了华莱士用他那苏格兰风格的语言所称的某物（the somewhat）。它就是我们通常所谓的**物**（Thing）：一种有特性的具体存在。但是，“知性”没有办法在这一阶段思考具有如此复杂的哲学意义的任何事情，只有存在和质的“概念”。因此，某物只能被描述为一种具有特殊的规定性（质）的存在。我们不得不穿过**存在**（在存在中，那个某物至少竭力要变成一个**一**［One］）进入本质之后才
92 能遇到作为一个范畴的物（*EL*，par. 125）：这也不是一个停止点，但是，这个新变体的优越性在于这样一个事实，即它不断地凸显它自己本身的哲学困境和矛盾，亦即哲学手册最开始的那些困境和矛盾——**物**是一个盛得下各种不同特质的容器吗？如果是，它们彼此间的关系又是什么？而且它真的能够作为容器独立地存在而没有任何被盛装的痕迹吗，等等？在此，**物**作为一个**本质**的范畴或时刻将我们的注意力引向我们内心的精神过程以及这些过程的相互关系，而不是简单地指向它所是的任何东西。

在最后关于**总念**（或**概念**本身——*Begriff*）的高潮部分，先前的**物**不再拥有这样一个名称，它已经是存在的，而且是我们在思考的任何现象。但现在，它被理解为一种“思辨的”综合，一个存在与思想的统一体。“一切事物都是一种判断”，黑格尔在他关于传统逻辑的形而上意义的论述中如是说（*EL*，par. 167）。在他关于概念的新语言中，每一种现象都是**普遍性**、**特殊性**以及

个别性的统一（*EL*，par. 163)；而且事实上，我们也有理由说先前的**物**，那个某物曾经在某种程度上演变成的东西，现在已经成为一个**个体**。那么通过回顾，**存在**王国是一个独一无二（各种质）的王国，一个**本质**的王国，**普遍性**（这些范畴本身的运动）的王国，而且**概念**这个最后的世界现在终于成了由各种个体性组成的真实世界，这些个体性既是物质的或有限的，又是理论的或哲学的，既是客观的也是主观的。黑格尔所谓的思辨性恰恰是这种“形而上的”赌博，即客观性和主观性——斯宾诺莎称之为延伸的王国与精神的王国——是一体的。

但是，这并没有真正说清楚“知性”的地位。它也可以是日常生活的思想和语言，不一定非要我们达成一致，认为即使对那个王国来说，它也是充分的（就像康德在第一部《批判》当中所做的那样）。但我们也不能说它就等同于错误，并因此试图在某种绝对的、自杀式的精神化过程中将其彻底清除。如果我们仍处在神学寓言当中，我们可以称“知性”为这个堕落的世界的永恒法则，这个世界是永远的诱惑和错误的根源，对此我们只能是保持警惕而已。这种警惕无疑就是黑格尔的哲学概念，与平常人的精神生活相对：一种行会的或专业的自我辩白，借此我们接触到某种真正的黑格尔意识形态的边界。

7

但是，我们来看在接下来的王国里，即**本质**王国里，“知性”如何被处理，第113段给我们提供了一些精确的说明：

> 在**本质**当中，自我关联（relation-to-self）是**认同**的形式，是**内向反思**（*inward reflection*）的形式。这种形式取 93

> 代了存在的**直接性**，两者都是对自我关联的抽象化。感觉知识认为所有受限的和有限的事物都是［仅仅］存在的某种事物而已，感觉知识中思想的不在场变成了理解的固执己见，它将所有有限的事物都当作与自己一样的事物，［而且］在内部不与自己发生冲突。（*EL*，par. 113；*W*，165；*GSH*，178）

这一解释现在为“知性”提供了略微体面些的凭证，因为它终于同 *Sinnlichkeit*（华莱士将后者简单地翻译为“感觉”［*W*，165］，这当然更精确）区分开来，*Sinnlichkeit* 现在看来似乎与感知和感觉的自觉王国（conscious realm）没什么区别，附带地，存在本身在这里被丢在身后。现在我们有了顽固性或固执性，这毫无疑问是人和个体的特征，而且我们还有了一种认同感——先前的“固定性”——它只是从表面价值上理解这个词：顽固的死板，听不到任何关于矛盾的信息。因此，较之从前更加开放的是“知性”或**理解**成为一种在**本质**的门槛上设置门障的力量（在那里，内部矛盾将是这个地盘的唯一法则）。或许，我们现在可以比这走得更远并且表明在这里“知性”能够争取到日常语言的支持，这种语言与一种方法是一致的，对这一方法而言，认同是一回事，而差异是另一回事，但这是一种态度，它也会在**本质**王国里继续保有某种必然的关联，在这个王国里，每一个时刻都固守着自己的认同性（identifiability）。我们因此可以在这里说一下**反省理解**（*reflective understanding*），

> 它假定差异有其自身的立足点，同时也明确地肯定了它们的相关性，但仍然将这两种说法组合起来，用一个“也”将它们并列或者一个接一个地放在一起，而没有将这些思想

> 合而为一，或将它们统一为总念。（*EL*，par. 114；*W*，166；*GSH*，179）

那么，**理解**是一种根据自己的元素改变其概念力量的适应一切的变色龙吗？先前它被称为抽象理解，现在，在这个反思的王国里，它已经接受了后者的特性，在考虑新现实时，它没有以任何方式使自己不再“与这个概念不对等”或表现出明显的不充分，它成为自反的——“顽固地”——目的是在一个更高的层面上避免同样的本体论焦虑：暂时性（“躁动状态”），矛盾，本身就是某种力量的否定因素，最后是纯粹的关系性（relationality）。

本质王国以两种明显不同的方式表现出相关性：一种是熟悉的二元对立，结果是**认同**在某种意义上与**差异**“一模一样”，或至少提供了一种景象，即一个持续地变形为另一个。另一种基本的关系性仍然保持着二元状态，不过是完全不同的一种形式，这 94
已经在“**本质**”一词中有所预兆，这是内部与外部的辩证法，本质与表象的辩证法，力量与表达的辩证法。在这些对立的第一种当中，**理解**希望有一个物**或**另一个物，一个物与另一个物一起（和……和），它希望坚守非矛盾法则（*EL*，par. 119）作为其第一道防线。对第二种关系性而言，说它是一种以“物自体”（thing-in-itself）为中心的感觉迟钝会更贴切（而且也将为对康德的另一次擦边撞击提供机会），在这里，**物**的辩证法（上文有所描述）将发挥作用，而且很清楚的是，**理解**（包括常识）要对它加以制止：“如果我们坚持一个客体‘仅仅是自体’（mere in-itself），我们了解的就不是它的真相，而仅仅是抽象化的不充分形式”（*EL*，par. 124；*W*，181；*GSH*，194）。（要记住的是，对康德的责难是，他在某个**本质**出现时停了下来，尽管是一次不为人知的停留；而精神并没有在那里止步。）在这一点上，更加清晰的是，“知性”对“固定性”及纯一决定性的坚持首先是对黑格尔逻辑的暂时过程的抗拒。

但是在我们已经有所预料的关于**物**的讨论中间出现了一个对**物质**的观察，它对于梳理黑格尔的理想主义（以及它可能在多大程度上被认为是唯物主义的）问题至关重要。要记住，**物质**第一次露面是作为单纯的**存在**本身的一个二流替身，将后者降格为图像思维（在很大程度上类似于希尔伯利尔［Silberer］对各种抽象的形形色色的形象内容的研究，它们引起了梦的解析的发现者的极大兴趣）。[8]在这里，在本质的王国里，物质再次出现，但它本身已经是一个羽翼丰满的范畴（*EL*，par. 128），在这个王国里，显而易见，物质与形式之间的对立将十分合乎逻辑地在表象与本质的辩证法的不同变体中取得它的地位（其他的变体是**整体**与**部分**，**力量**与**表达**，**相互性**与**因果性**）。但是黑格尔不仅经常坚持这一范畴或时刻的短暂性，他不能毫无保留地指责它是矛盾的，因为在这个意义上，他的所有范畴都是矛盾的，但他确实曾经再次将其等同于康德的“事物本身”（*Ding-an-sich*）（一个严肃的谴责）。这个讨论如下：

> 物所包含的不同物质可能是彼此相同的。因此，我们得到了一个普通意义上的**物质**，差异明确地以一种赤裸的形式附着在其外部。这种理论认为，周围所有的物在最底层都有
> 95 一种完全相同的物质，至于形式仅仅是外表不同，持这种观点的理论与反省理解不谋而合（是［*sic*］！）……可是，如果注意到一块大理石仅仅是相对地可以不理会形式……所以，我们说，是理解的抽象化将物质隔绝开来，使其成为一种特殊的自然无形式（formlessness）。因为，确切地说，物质思想包括无处不在的形式原则，所以无形式的物质根本不会在

> 任何地方出现，甚至在经验［*auch in der Erfahrung*］中也不例外。（*EL*，par. 128；*W*，189；*GSH*，197）

“甚至在经验中”，黑格尔在此对物质的轻蔑无疑将再次确定唯物主义者对他的理想主义的轻蔑，尽管我们在别处已经注意到贝克莱主教（Bishop Berkeley）对物质概念的类似谴责很清楚是在挽救并保存身体的感觉和感知的鲜活性与独特性。

不过，当**理解**沿着**本质**的梯子向上移动时，更重要的错误正在等待着它——在它打开门进入**总念**本身的王国之前——在**现实性**（Actuality）（以及斯宾诺莎的实体［Substance］）的范畴中达到其高潮，两者后来都成为那个**基础**（Ground）的变体，凭此基础，**认同**与**差异**的辩证法达成圆满（从二元交替移至那个另外的结构，我们随意地将这一结构的特征描述为外部与内部，表象与本质）。但即便“知性”接受了这种概念性，它也必然是误解了它：

> 认为本质仅是内在的是反省常犯的错误。如果作此理解，甚至连这种看它的方式也是纯粹外在的，而那种本质就是空洞的外部抽象……应该说，如果自然的本质曾经被描述为内在的部分，那么这样描述它的人就只了解它的外壳。（*EL*，par. 140；*W*，197；*GSH*，209）

我们需要在这一点上稍作停留，问一问我们自己，“反省”本身多大程度上牵扯到这些指责当中——反省运动专门朝向这一新的**本质**王国并且似乎与**存在**王国的外部逻辑截然不同；或者也许应该说是牵扯到这一漫长的对“知性”或**理解**的控告当中。黑格尔在此不得不保持一种微妙的摇摇晃晃的平衡，以确保避免“知性”和“理性”（*Vernunft*）之间某些纯粹的二元对立或伦理对立，如简单的恶与善，或否定与肯定（错误与真理）。换言之，反省思维构成了一种进步，它超越了单纯的外在性和固定性——物化，因为**存在**王国而得以持久，但是，当我们接近适宜于**总念**的思想时，反省思维并没有丢弃它自己独特的误解。（第一个王国是单一思想的王国，第二个是二元的王国，第三个是由**普遍性**、**特殊性**、**个体性**配置而成的王国，这么说可能没有多大的帮助。）黑格尔也不允许我们在**本质**的二元系统内裹足不前（同样
96 的，托尼·史密斯［Tony Smith］也看出那些对马克思的误读是由于将资本主义当作**总念**的王国而非**本质**的王国）[9]，而且关于对内部或本质的纯粹的外部理解，以上论述现在显示出更加严重的辩证复杂化（或复化［complexification］），这是阻止这类毒害所必需的。

因此，当我们终于将**可能性**放在它自己的位置上（相对于**现实性**）并且证明了这样一个（在根本上是政治的和历史的）观点，即**现实性**（*Wirklichkeit*）优于单纯的**可能性**，这时就必须有一个更加精密的框架。“所有的事情”，黑格尔以横扫一切的嘲讽声称，“都是不可能的，就如同它们是可能的一样”（*EL*，par. 143；*W*，203；*GSH*，215）。但是，对这一范畴的分析与批评所产生的毒害暴露出“知性”积极活跃的影响和操作：

> **可能性**实际上是自反省（reflection-into-self）赤裸裸的抽象化——先前所称的**内向**（Inward），现在它只是被当作表示外部的内向，所以从现实中提升出去，而且因为某个纯粹假设的存在，所以，毫无疑问，它应该仅仅是一个差强人意的模态（modality）而已，是一次不成功的抽象化，用更具体的话说，它只属于主观思想（*W*，202）。我们的图像思

> 维首先希望在可能性中看到更丰富、更全面的范畴，在现实性中看到更贫乏、更狭隘的范畴。据说，所有事情都是可能的，但是所有可能的事情由于这个缘故却是不现实的（actual）。然而，在真实的真理中，如果我们将它们都当作思想加以处理，现实性便是更全面的思想，因为正是具体的思想包括了作为抽象元素的可能性……一般而言，正是空洞的理解纠缠着这些空洞的形式，而哲学在这个问题上的责任就是说明它们是多么空泛，多么无意义。一件事情是可能还是不可能在总体上有赖于主题（subject-matter），即依赖于现实性中所有元素的总和，现实性在将自己展现出来时便揭示出它自身将成为必然性。

凭借现实性和必然性——或更确切地说，因为现实性就是必然性——我们来到斯宾诺莎的实体，在这里原因和结果是一回事（*causa sui*），而且同样遇到了对"知性"的各种抗拒："理解对实体思想的不屑一顾与它随时准备使用因果关系一模一样"（*EL*，par. 153；*W*，216；*GSH*，229），它没有把后者看作一个时间问题，而是看作一个静止的、空间的问题——"而原因和结果在它们的**总念**中是相同的，这两种形式将它们自身分开展现，这样一来，尽管原因也是结果，而结果也是原因，但是，原因与结果的联系不同于结果与原因的联系"，等等。坏的（或空间的，附加的）无限性在这里出现，在我们获得**总念**本身的时刻出现，当然就成了揭露"知性"的各种局限的标志，**总念**是"一种无限的形式，属于无边的活动，好像它是所有活力的'起点' 97
（*punctum saliens*），因此是自我区别的（self differentiating）"（而对理解而言，它"仍然立于它自己的静止不动之中"）（*EL*，par. 166；*W*，232；*GSH*，245）。

8

总念的结构——将它的名称赋予那个整体计划的东西——是传统逻辑的结构：判断以及三段论，其更深层的“哲学性”内容在此被黑格尔以他揭示数与数学的哲学性内容所采用的方式加以展现。逻辑判断正是在这个意义上不是关于各种事物的单纯命题或陈述（*EL*，par. 167）；相反，它是一个时刻，在这个时刻，“个别的就是普遍的”（*EL*，par. 166）这一点变得清晰起来，而且主语和述语的更深层统一意味着，事实上，“一切事物都是一种判断”（*EL*，par. 167）。那么，判断展开就可以成为它的更大的形式，即三段论，在这一形式中，正如已经注意到的，普遍性、特殊性、个体性构成三角关系并且相互认同（那么，亚里士多德逻辑的不同形式便可以按照这样不同的结构组合用这三个名词进行分类了）。

与判断相似，三段论也在这个世界上（不仅在我们的头脑和思想里）。但是，只要判断在外部世界里只是一个事物，那么将三段论理解为一个事件似乎更贴切。

> 三段论的这几种形式使它们自己在我们的认知中被持续感觉到。如果任何一个人，在一个冬天的早上醒来，听到街上马车咯吱咯吱的响声，就因此得出结论说晚上冰已经结得很硬了，他就已经完成了一次三段论的操作——这一操作每天都会在不同的条件下重复。（*EL*，par. 183；*W*，247；*GSH*，260）

但是，在现实中，很多年以前，就是在柏林的清晨这样一个特定的世界中运用了一次三段论。

这一过程的第三个时刻，**理式**（Idea）因此就是“无限推论”（*EL*，par. 214），它可以有形形色色的特征“理性……主体—客体；理想与现实的统一，有限与无限的统一，灵魂与身体的统一；其现实性存在与自身的可能性；根据这一理式，自然只能被看作存在物（existent）”，等等（*EL*，par. 214）。（我们已经观察到，“无限”不是在任何自然规律的或宇宙哲学的或浪漫的意义上加以理解，而是理解为不属于有限王国的事物，或换言之，就是自我意识和理想性。）

后面我会讲到为什么在我看来这第三个王国对现代人来说是 98
《逻辑学》中最没趣的一部分，但我们在此马上要完成的任务是明白**理解**，更不必说错误了，可能适合什么地方（或它的运作如何被改造以适应这个新视角），即使在这个最高层面，**理解**也可能使错误长存下去。所以如果我们发现上面引用的列举后面跟着这段话，就不是一点意思都没有了：“所有这些描述都是适用的，因为**理式**包含了理解的所有关系，不过是在它们无限的自我回归和自我认同中包含了这些关系。”所以，最终，**总念**所有看似新的范畴都已被理解并被庸俗化；都会被“知性”按照它的风格加以理解和庸俗化：所有的形式在我们的眼前经过，成为**存在**并继而成为**本质**。从讽喻的角度讲，这个包括不同层面的系统似乎被重新组织成为一种螺旋状，正是以这种方式，《逻辑学》必然一次又一次地经过每一个点，但是以某种“更高的”形式经过。（但丁的《神曲》的结构在这里不是一点关系都没有，他的三个王国和圣歌与黑格尔的系统完全一致。）

但是在那一意义上，“知性”或**理解**不完全对应于某个更低的层面：它在这个层面上就如同在他处一样，总是错误的根源（对黑格尔而言，它被理解为错误始终是真理的一个阶段并且一直是后者的一部分）。我们现在需要在结论中加以简单考察的是，它在**总念**层面上的表现形式以及它在那里不能“理解”什么。

最清楚的是第一种形式即传统逻辑本身的形式，黑格尔轻蔑地称其为“理解的三段论”（*EL*，par. 182），换言之，亦即各种命题的整个精密纵向的排列，这些命题对逻辑而言流传了一千年并且是通过死记硬背来掌握的。

> 存在的三段论仅仅是一个理解的三段论，至少因为它听凭个体性、特殊性、普遍性在抽象意义上相互交锋。在这个三段论中，总念是自我疏离（self-estrangement）的最极端。（*EL*，par. 183；*W*，247；*GSH*，259）

既然如此，在这里，“知性”甚至更强烈地表现为一种分裂作用：每一种事物都各在其位。依照它自己孤立的、与众不同的性质，所有事物之间的各种关系都在这些事物各自存在这一事实之后才发生，表现为可能存在的最表面的方式。或许有人会说，在这里，**理解**最初的错误就在于它取消了中介，黑格尔这样慷慨地描述它在三段论中至关重要的作用：

> 在其动力元素的理想性中，三段论过程或许可以被描述为基本上包含了对其特性的否定，三段论的道路就是通过这种否定得以延伸，好比中介过程通过悬置中介来延伸一
> 99 样——不是让这个主体同另一个主体结合，而是与一个被悬置的他者结合，一言以蔽之，与它自己结合。（*EL*，par. 192；*W*，255；*GSH*，267）

而且在其他地方，他将这种中介的特性描述为一种转向运动，由

此，这三个概念的每一个都变成了连续的中介：

> 在此，我们看到特殊性成为个体性与普遍性之间的中介均值（mediating mean）。这给出了三段论的基本形式，先前考虑过，三段论的逐渐具体化在于这样一个事实，即普遍性与个体性也占据均值所在的这个地方。这再一次为从主体性向客观性的过渡铺平了道路。（*EL*，par. 181；*W*，245；*GSH*，257）

理解不仅在定义上可以掌握这种过程，它还倾向于将其不同的分裂部分和各种外在性组织起来形成一种总体的二元论，而**总念**的"思辨思维"有一个重要职责，就是驳斥这种二元论：

> **理解**的**逻辑**……相信思想只是一种主观的和形式的活动，而客观事实会有一个分裂的、永久的存在，它与思想交锋。但这种二元论是一种半吊子真理：在不追问其起因就接受主体性和客观性这些范畴的程序中缺乏一种智慧。（*EL*，par. 192；*W*，255；*GSH*，267）

事实上，黑格尔继续说到，这类分裂使**理解**的逻辑被贬低为某种机械关系的形式，不过是符合逻辑地将更特殊的事物包含在更抽象或更一般这个名下：

> **理解**的抽象普遍性……仅仅**下摄**特殊性，它与其自身联系在一起也是同样的情形，但并没有使它获得属于自己的性质。（*EL*，par. 204；*W*，268；*GSH*，280）

但是我们在这一点上已经获得的主观性，

> 有它的总念、推论以及三段论等功能；并不像一组空荡荡的隔间，要从外面靠分开存在的客体来填满。因为主体性本身是辩证的，它打破了其自身的障碍并且通过三段论发展成为客观性，这么说可能更符合实情。（*EL*，par. 192；*W*，256；*GSH*，268）

用**总念**的大洪水这个前景结束关于知性以及对它的误解的讨论是恰当的。然而，最后再对这些加以总结或许也并非完全多余：

> 100 **理解**声称自己要处理**理式**，所以造成了一种双重的误解。它**首先**从**理式**的极限入手……似乎这些极限仍然是**理式**之外的抽象概念。它依旧误解了它们之间的关系……因此，例如，它甚至忽视了判断中联系物的性质，这一联系物证实了个体，或主体，归根到底不是个体性的，而是普遍性的。但是，接下来，**理解**却相信**它的**“反省”——自我认同的（self-identical）**理式**包含着其自身的否定性，或包含着矛盾——是一个不在**理式**内部的外部反省。但是这一反省真的绝不是**理解**独有的巧妙之处。思想本身就是辩证法，它永远在划分并且将自我同一性同差别化（differentiated）区分开来，将主体同客体区分开来，将有限同无限区分开来，将灵魂同身体区分开来……（*EL*，par. 214；*W*，277-278；*GSH*，289）

所以，经验主义和康德的形而上学都被揭开了面纱，它们就是“知性”的不同时刻，因为它试图首先适应存在王国，继而适应本质王国。

黑格尔对“知性”的分析——如此细微，又如此广博——因此证明是他对某种更严格意义上的马克思主义物化理论最重要的贡献。对于马克思的黑格尔主义，我们确实已经做了很多研究——否定的和肯定的；但是，这一特殊过渡对我来说似乎没有给仍然买卖兴隆的磨坊带来更多的谷物，即使磨坊的技术已经过时了。我宁愿对现在的目的提出一个更加不同寻常的看法，即黑格尔的马克思主义。这片事实上从未被开发的大陆当然会包括辩证法本身，而且它还会在卢卡奇在伯尔尼对古典政治经济学的形成研究所做的开拓性工作中，在《青年黑格尔》中得到发展。它肯定试图对亚历山大·科耶夫（Alexander Kojève）曾引人注目地提上日程的**主人/奴隶**辩证法进行重新评价。但我愿意认为，在这个消费主义和世界市场的时代，物化同样可能引起某种注意。[10]

然而，哲学家们很少提供给我们意识形态的概念，尽管黑格尔坚持错误的存在及其无处不在（还坚持错误具有生产力）有这方面的提示。如果我已经将**总念**（或绝对精神）及其在生命主题中所占据的巅峰位置描述为针对黑格尔系统的一个更加彻底的意识形态范围，这是因为——按照卢卡奇在《历史与阶级意识》中的哲学分析[11]——这最后的时刻给人的印象肯定是一种意识形态 101
的“遏制策略”，这种策略是专为给一个系统加冕，专为完成这个系统而设计的，该系统试图复制一个历史上尚未实现或尚未完成的总体性，即世界资本主义的总体性。既然如此，也是在这里，本着那些通过失败而获得成功的现代主义经典之精神，黑格尔的“总体性的抱负”在不成熟的情况下为他的马克思主义提出了一个建议。

【注释】

[1] 德文原版参考的是祖尔坎普（Suhrkamp）出版社出版的全集中的第 8 卷，Frankfurt，1986，保留了黑格尔文本适当的段落标号。后面对该书的参考均标注为 *EL*。已经用到两个译本：William Wallace 的译本较老，可读性较强，Oxford：Clarendon Press，1975；T. F. Geraets，W. A. Suchting 以及 H. S. Harris 的新译本更严谨，Indianapolis：Hackett，1991。后面对 Wallace 译本的参考均标注为 *W*；对 Geraets，Suchting 以及 Harris 译本的参考均标注为 *GSH*。

[2] Claude Lévi-Strauss，*La Pensée sauvage*，Paris：Plon，1962：那个含混的术语（被误译为“野蛮的心灵”，但也可以指“荒野中的紫罗兰”）命名了部落人群的思维，一种没有抽象的感知科学。它不是图像思维（*Vorstellung*），也许最好是将这种思维描述为自指的或寓言性的“他们自己的阶级的阶级”。我在这里认为它们是类似于康德的范畴的“范畴”，除非结果是康德的那些范畴本身就是**野性思维**的残余。

[3] Jean-Paul Sartre，*Saint Genet*，New York：Braziller，1963，266：“但是，一年里有几次，城里的那些老实人一致决定——考虑到经济生活的必要性——要改变对那个大农场的态度。在一个定好的日子，城市社会扩充了，分散到各处；其成员去往乡村，在那里，在工人们嘲弄的目光中，他们一时成了纯粹的消费者。正当其时，**自然**出现了。她是什么？不过就是我们终止了与实务的技术关系之后的外部世界而已。商品的生产者和批发商成了消费者，而消费者成了中间人。相应地，现实变成了背景；**那里**只有度假的人，就在那里，在田野里，在牛群间；反过来，田野和牛群在他面前也只是**在那里**。这就是他所谓的在生命和物质的绝对现实中所感知的东西。两块土豆地之间的小路足以向城里人昭示**自然**。这条路是工程人员铺就，土豆地是农民在耕作。但城里人没有看到耕作，那项工作对他而言依然是陌生的。他以为看到的是野生的植物和自在状态下的矿石。如果一个农夫走过田间，他会以为那也是一株植物。因此，**自然**出现于我们社会每个季节或每周变化的视域；它反映出的只是他们虚拟的分解，他们暂时的无聊，简言之，他们付费的假期。他们在灌木丛中漫步，走过湿地，他们曾经有孩童温柔的灵

魂；他们以为白杨树和梧桐树一直长在路边；他们对那些树无话可说，因为他们对它们无事可做，他们对静默的优良质量惊叹不已。”

［4］G. W. F. Hegel，*Phenomenology of Spirit*，trans. A. V. Miller，Oxford：Oxford University Press，1977，240.

［5］见我的 *Brecht and Method*，London：Verso，1998，79—81。

［6］Gilles Deleuze and Félix Guattari，*L'Anti-Oedipe*，Paris：Minuit，1972，11—12.

［7］Lucien Goldmann，*Le dieu caché*，Paris：Gallimard，1959.

［8］Sigmund Freud，*The Interpretation of Dreams*，vols. 4 and 5，London：the Hogarth Press，1953，344—345.

［9］Tony Smith，*The Logic of Marx's "Capital"*，Albany：SUNY Press，1990.

［10］关于它在实践和政治方面的意义，见《实际存在的马克思主义》，第15章，下文。亦见 Timothy Bewes，*Refication*，London：Verso，2002。

［11］意识形态分析作为一项哲学包围战略是卢卡奇最重要的一章“Refication and the Consciousness of the Proletariat”的成就。Herbert Marcuse 很久以前便论证了黑格尔系统的不成熟闭合与黑格尔于拿破仑战败之后发现其自身的不完整历史环境之间的建设性联系。

（俞嘉　译）

附录 2　当代黑格尔批评家

102　现在我们需要简单考虑一下外界对黑格尔的各种反对意见，也就是说，回顾一下最著名的反黑格尔派的基本立场。他们也会在我们自己的各种看不见的前提以及“时代精神”（*Zeitgeist*）本身的经纬度等方面给我们以教益。我选择了三位非常著名的反对辩证法的人士——德里达、德勒兹和布朗肖（如果不是福柯的话）——因为最好是搞清楚为什么我们时代这些最具创造性的哲学家认为辩证法对他们的目的（肯定部分地也是我们的目的）而言已经没有了生产性，而不是避开来自人云亦云者的零星冲击，或想着对抱怨英美逻辑不连贯性的说辞发表看法。既然如此，这里提到的三位作者会让我们再一次审视三个关键问题：中介问题、否定性问题以及外在性问题。

1

辩证法是邪恶的吗？或者仅仅是不全面的？持这种观念的理论家们倾向于采纳第一条（他们没有意识到在何种程度上这种观念已经因为冷战而成为时尚），他们使用了著名的总体性（totality）概念（此概念广为人知的恰恰是极权主义［totalitarianism］这个含义）。第二种观点似乎更令人尴尬，因为没有人愿意承认他们理解不了某些东西，尤其是在这样一个时代，难懂的文本（理论上晦涩的文本显然已经取代了文字上佶屈聱牙的文本）推出了诸多的珠穆朗玛峰让那些雄心勃勃的人测量。你当然可以说是文本本身令人无法理解，但即使这一点也同样引发疑问。你必须得说明文本不能实现意图，不能解决其问题，或者不能做它声言要做的事：某种众所周知对文学文本不可能的事，这些文本的意图要根据事实进行重构，而且文学文本永远不“知道自己想的是什么，直到它们明白自己说的是什么”。但哲学在这一方面恐怕有所不同。

现代哲学，无论怎样讲，日益看重成功的表述，似乎仅仅把 103
事情想明白还不够，你还得为这个新成功的思想创造一种合适的语言或表现方式。或许真的像文学作品一样，思想及其语言表述之间的差异已经慢慢地消失了。然而，某种抽象的目的还在那里，它先于思想和语言一类的事物，胡塞尔想要思考，也就是说，想要表达并系统阐述涌现（emergence）。所以，如果能够表明他没有做到这一点，就已经有了一种批评。

这就是德里达 1954 年在他的“硕士论文”——《胡塞尔现象学中的起源问题》（*Le problème de la genèse dans la philosophie de Husserl*）中打算做的事情——这篇论文出版了，只是有些好事多磨，到 1990 年才出版。这想必是因为这个年轻人的文本反映其时刻和背景——萨特的存在主义最风光的岁月——的方式，也就是说，当时是存在主义、马克思主义和辩证法最风光的岁月（西方马克思主义就是这样理解的）。德里达的著作也是一个“辩证的”文本，它向陈德草（Tran Duc Thao）对胡塞尔和马克思主义的颇有影响力的综合表达了崇高的敬意[1]，结论是不明白——假如胡塞尔对涌现或起源的不断攻击是无限的倒退，而每一个新的变体不过是将这个问题又向后推了一些——他为什么没有求助于最明显的解决办法——被称为中介的辩证工具。

在这项杰出的研究和德里达出版的第一本著作（还是关于胡塞尔的）之间，十三年的时间过去了，这期间，50 年代已经被

60 年代所取代，萨特的时代走到了尽头，对“辩证法”的召唤已经从德里达的书页中消失。在那段时间里，德里达是否有可能慢慢开始揣摩黑格尔的范畴，与胡塞尔的范畴一样，它们其实不是思维的形式，而仅仅是表明有思想的意图，但最终却没有思想？《丧钟》（*Glas*）[2]是这一问题的答案，而且的确是一个非常实质性的答案，在一个广大的范围内对黑格尔的文本提供了耐心细致的评论，从早期的神学作品到《百科全书》，从《现象学》到《法哲学》。这些评论旨在揭示在所谓的扬弃（*Aufhebung*）活动中究竟发生了什么（拾起来，保留的同时又取消和否认，德里达自始至终很有意思地将其翻译为 *relève*），扬弃即所谓中介活动的强形式（strong form），他提前十年就从这个角度来研究胡塞尔了。那么，解构在这里如果不是证明文本依然存在的话，它便意味着一种彻头彻尾的治疗工作以及对扬弃的消解。

诚然，《丧钟》似乎同时还发挥了很多其他的作用：它的两个并立的柱子（column）反对因循守旧者和反叛者，黑格尔和热
104 内（Genet），“家庭”（*familias*）和同性恋，政府官僚和罪犯，哲学和文学，思想和语言——所有这些，可以说，都缠绕在花与阴茎、宗教与阵营这类孪生母题上。文本并非直接相互回应。福克纳曾经将两篇被拒的故事底稿作为交互的章节组合成单独的一本书；但对德里达而言，不大可能遇到这样特别的出版问题。我们还没有提及那个核心问题：婚姻（热内是个弃儿，或至少是个孤儿，黑格尔有一个私生子和两个婚生子）。对黑格尔的评论将主要与《法哲学》中讨论家庭是市民社会及更高一层国家的前厅（antechamber）这部分有关。事实上，它将证实扬弃与家庭是相关联的，的确，前者在某种程度上是一个“家庭的”（familial）概念。除此之外，在最普遍的意义上，它表示这两个思想或母题通过否认（sublation）联系起来——一方在被取消的过程中同时

被拾起来成为另一方——彼此之间的关系并不比父母与一桩婚姻的关系更多（但也不更少）。它们并非神奇地发现自己被改造了，一方成为另一方；相反，它们仍然被联系性（copula）联在一起，换言之，被交配（他的玩笑话）联系在一起。既然如此，就是说，扬弃实际上不是一种思想，而至多是一个命名了某种尚不可能发生的思想的词（而且或许“家庭”也是一个类似的词）。

无疑，扬弃包括了否认和精神化（spiritualization）以及简单的中介；但尚没有特别的意识形态的紧迫性迫使我们一开始就将一个到处公开鼓吹其理想主义的哲学家指责为一个理想主义者。关于物质概念的讨论很有启发性。**精神**（*Geist*）和物质不是对立物：精神是无限的，物质是不自由的，是外在的，它有重量并且下落。

> 但是有一个重力法则。如果你的分析认为物质的重量和散落是外在性，你就不得不承认这一过程中有一种趋势：一种不自然的朝向整体和自我重组的努力。但是，作为一种朝向中心和整体的趋势，物质之所以是精神的对立面，仅仅是因为精神抗拒这种趋势，因为它反对它自己的趋势。不过，为了反对其本身将自己定义为物质这一趋势，物质必须首先是精神。而且如果它屈从于同样的趋势，它也还是精神。无论是两种情况的哪一种，它都是精神，它的本质只能是精神的：**所有的**本质都是精神的。（*DG*，29—30）

这是一次宏大的“解构”，验证了一种方式，按照这一方式，物质在一个理想主义的系统内根本不可能被思考。但是，德里达的“方法”中的一个尴尬之处，即在他的文本中，释义永远**先于**对原文的引用，而不是像评论中常见的那样，跟在对原文的引用之 105

后。所以，从这里继续再稍读片刻，我们便遇到了黑格尔的原文，说的是同样的事。我们认为的毁灭性分析不是德里达对黑格尔的解构，而是黑格尔自己的解构。解构什么呢？解构物质本身这个概念。我们是否要得出这样一个结论，辩证法就是解构，是“早于字母”（*avant la lettre*）？或者我们是否不得不求助于某种无限小的、几乎无法察觉的修正，借此，辩证法将一种唯物主义的解构改造成为一种理想主义的否认？“物质倾向于理想性，因为在统一体中它已经是理想的”，等等（*DG*，30）。或者这仅仅是将某人的分析对象看作一种思想（如在黑格尔那里），还是看作一个文本（如在德里达那里）之间的区别呢？

所以，对于这个被称为扬弃的奇怪活动，我们该从哪里开始呢？它也可以是一种精神化，但我们显然不能从被它超越/否认/精神化了的物质开始，因为我们刚才已发现，后者已然是**精神**了，尽管是秘密的。或许我们可以从这些事物的三个确定特征入手：（1）**“它也是”**——我们得接受联系性或接受对同一性的肯定。（2）**“秘密地”**——我们得面对一个解释的过程，一个隐藏了本质的表象。（3）**“已经”**——我们得接受一种非法的时间性，以及那些绝对是时间方面的小品词（“已经”［*déjà*］——［*DG*，18］；“同时”［*zugleich*］——［*DG*，26］），它们是德里达阅读时间哲学的关键。[3]

事实上，扬弃不是一个事件，而是一次重复：“精神因此应该可以重复”（“le *Geist* ne peut donc que se répéter”）（*DG*，31）。什么也没有发生，所有的扬弃都是一样的。它们看起来似乎都超越了性质；然而，后者只是所有这类过程中被超越的任何事物的名称，它仅仅是形式上的，是某个时刻的名称，它本身没有任何内容：“性质不是一种决定性的本质，不是一个特别的时刻。它指定了精神可以外在于其自身的所有可能形式。它因此出现在形成精神的每一个阶段——同时也在这个过程中逐渐消失”（*DG*，45）。

然而，另一方面，在这些时刻——黑格尔的系统这个完整辩证法内部的这些关键性过渡时刻，扬弃作为至关重要的变化机制应该提供最生动的展示或 *Darstellung*——它却异常模糊，甚至可以说无法确定：

> 现在，最普遍的问题表现为以下形式：宗教如何**扬弃**而成为哲学？另一方面，进入由家庭结构组成的市民（资产阶级）社会结构中的**扬弃**是如何生成的？或者换言之，在“道德”（*Sittlichkeit*）本身内部……是否从家庭三段论向资产阶级社会三段论的过渡已经完成？（*DG*，108）

德里达继续指向那个关键的文本，对他而言，它处在黑格尔的缺 106
口部位，不是精神与物质之间的缺口，而是精神与政治之间的缺口，在他看来，是《现象学》的最后一次转变（从宗教向哲学的转变，不过，见他在第 244 页上关于这一转变的其他变体的讨论）。不幸的是，他对于黑格尔的忠诚（*DG*，244－260）就是，他的讨论与黑格尔本人的讨论一样晦涩难解：我在其他地方将要提出另一种立场，即**绝对精神**不是人可以分析的一个概念或一种现象，更不用说理解了；它是一个形式时刻，只能理解为意识形态或方法。如果你想把它本身看作一个条件、状态、事物、现象，你必然会得出一种宗教的说法，因此就会摧毁这一转变的真正目的，即在《现象学》的两个部分之间阐明一种决定性的转变（**扬弃**），一个部分是关于天启教（revealed religion）的倒数第二章，另一个部分在同一章中，是关于哲学本身存在于将其与宗教区分开来的任何事物中。（现在可能应该引用德里达对是否有人会误读黑格尔［*DG*，258—259］……这一有趣问题的讨论了。）

不过，说到底，德里达的评论中所关注的中心问题之一是一个非常传统的问题——这个问题要回到早期的神学文本——即确定是否黑格尔归根结底只是又一位宗教思想家，以及是否他的辩证法仅仅是基督教精神的另一种变体，虽然不能简单地这么说（那一传统自然会继续说马克思主义在同样的意义上也是一种“世俗化的”宗教）。但是，德里达对这一传统策略（这个策略可以让黑格尔的左派和右派敌人纵情狂欢了）做了一个补充性的扭转，因为宗教在这里就是**神圣家族**；即使我们想要证明**扬弃**和黑格尔的辩证法一般而言是基督教神学的世俗伪装，我们也不得不继续承认基督教神学本身就是对家庭和婚姻作为更具一般意义的社会性、公共性和个人性制度进行一种世俗化的，或者我们会说，被阉割的、经验性的伪装：

> 你永远都不能将有限家庭和无限家庭严格区分开来。人的家庭并非**不同于**神圣家族。父子关系对人而言并非**不同于**上帝那里的父子关系。由于这两种关系不能被区分开来，自然也就不能相互对立，我们就不能够假装将一个作为另一个的比喻或隐喻。我们甚至不能将一个比作另一个，或装作知道两者谁可以成为比较的条件。在基督教以外，我们无法知道父亲对儿子**是**什么关系……我们甚至无法知道，这个**是**（*is*）在基督教之外的一般意义上是什么，这才是关键。这就是黑格尔关于基督教精神的命题，亦即关于修辞的命题。（*DG*，76）

107 这是一个不同寻常的飞跃，几乎因为它属于黑格尔本人而处于疏离状态，而且它构成了德里达对作为一个本体论者的黑格尔的批判核心（他后来在《马克思的幽灵》中提出警告，反对用本体论观点论述马克思本人）。我们现在可以做一个不太成熟的总结：

> 存在就是扬弃。扬弃就是存在，不是作为任何确定的状态，甚至也不是作为各种存在物可确定的总体性，而是作为“活跃的”本质，能产生存在的本质。它［这个阴性代词，有人认为它回指扬弃］因此永远不会成为任何确定问题的**对象**。我们永恒地被回指到它那里，但是这种回指永远不指代任何可确定的事物。（*DG*，43）

这或许是关于扬弃（因此也是关于中介）的不可理解性或无可理解性的最深刻论述，但是，应该注意到，它将批判置于**本质**的逻辑中而非**总念**的逻辑中：

> 基督教的精神是……对本质的本质性的揭示，本质一般而言使［我们］能够在**是**当中交合，能够说**是**。（*DG*，67）

甚至最后的晚餐（“这**是**我的身体，这**是**我的血”）中看似最基本的隐喻性超越了所有的隐喻（黑格尔事实上在语言和符号中将它比作内在性的外在化过程）：

> 这个完整的类似物不可能有形式，不可能继续下去；不可能被理解，除非通过各种范畴的范畴。它始终在否认其自身。它就是一种扬弃。（*DG*，81）

这是一个严厉的批判，如果你回想一下德里达在他对艾米尔·本维尼斯特（Émile Benveniste）的批判中猛烈地攻击过“各种范畴的范畴”；对我们而言则更严厉，只要我们回想起“范畴”在前面一节被拿来洋洋得意地使用。批判并未就此止步，生活的意识形态素（上文讨论过）也被拉进这个过程中，不过是作为这个无法判定的本体论中心的另一个概念性发散物，这个中心就是家庭（无论神圣与否）和辩证法本身。

这一分析的其他部分不是很有趣。谁是辩证法的敌人（除了康德）？黑格尔对早期基督教文本的一个很长的释义告诉我们（*DG*，46—66），犹太人是一个“知性”的民族，而且“如果你从内部了解生活，你就会知道它是一种隐喻，即通过它所有的部分来思考所有事物间活生生的无限联系。犹太人的语言根本不可能触及它”（*DG*，86，61）。关于“知性”的邪恶影响，见上述，我自己的说法是，它因此差不多是对无意识反犹太主义的过分迷恋。

108　但是，辩证法的目的是什么？它的隐秘的或不那么隐秘的动机是什么？它是在“绞杀”独一性（singularity）：一个奇怪的比喻，但确实是黑格尔本人的比喻，德里达因为疏漏没有引用，因为从独一性向普遍性的过渡被一遍一遍地描述（*DG*，17，19，21，27，123，127—128，272）。我认为，这几乎是反对理性的两种标准立场：经典的存在主义立场和巴塔耶的立场，后者或许更像是纳粹的立场，在存在主义立场上，概念化被理解为对更真实的生活经验的一种压制，在巴塔耶的立场上，过于敏感的知识分子渴望摆脱思想的独裁回归到一种“性器崇拜的”（acephalic）原始生活。对于这两种立场，黑格尔就是哲学对生活本身（对其他立场而言，也是对行动）造成威胁的一个重要象征。在我看来，德里达对经验的考虑一方面远不及对正常状态及压制正常状态所做的思考，另一方面远不及对思想的内部不连贯性所做的思考。尽管如此，独一性的丧失依然是《丧钟》的一个基本主题，同时同一性和扬弃缺乏一种内在的接合也是该书的一个基本主题，而且对德里达而言，要详细阐述避开系统活动的各种独一性也没多大意思。

兄妹关系，对于开启者（opener）来说：在这个通常而言很乏味的考证语境中，确实没有什么比将黑格尔与他那位忧心忡忡的妹妹克里斯蒂娜的特殊关系（她在他死后一年自杀）和索福克勒斯的《安提戈涅》这出悲剧的力量并置更飘忽不定的了，对黑格尔而言，这出悲剧值得其他所有人效仿，在《现象学》的最核心部分，家庭——以及女人——的要求与**国家**的要求陷入无法控制的剧烈矛盾当中。家庭——基本的或神圣的——似乎可以扬弃而成为“市民社会”，由此，两者都可以成为**国家**本身；但正如德里达所指出的，这种扬弃机制不是很清楚，这些机制就在那些神秘的转变中间，它们提出变化本身的问题以及扬弃是否不仅仅是单纯的重复的问题。可是，在《安提戈涅》中，即使那种转变，那种和平的消解和同化，也受到兄妹关系这种独一性的阻挠。对黑格尔而言，这一阻挠绝对是**悲剧的**；尽管不可能排除这种可能性，即两个家庭的悲剧性毁灭也是理智和历史的一种狡计，但它为下一个时刻（市民社会的时刻）扫清了旧障。

这里需要提到德里达论述的另外两个特征：第一个是汹涌的暴力似乎在迫近而且无处不在，你不应该认为这是坚持**绝对精神**的哲学家的过错，**绝对精神**主张普遍调解（尽管，再一次，对于康德的永久和平计划来说，坚持**主人**和**奴隶**之间的殊死斗争的哲学家实际上不过是一位巧言令色的对手）。第二个特征是一种女性主义视角，从这一视角看，妇女在这些典型的父权制家庭中的不在场恰恰是通过安提戈涅本人的中心性受到谴责，同时也得到 109
强调，她不可能被同化进这个系统。（还有一句话简单谈论到私生子的不可同化性，尽管黑格尔的私生子没有参与进来做进一步的讨论，他是一名雇佣兵，在黑格尔逝世的同一年在爪哇死去。）

女人随身带着那张“毫无用处又无所不能的、女人专有的王牌：**反讽**（*irony*）”（*DG*，209）。当你意识到反讽是黑格尔的死敌，即浪漫派，尤其是弗里德里希·施莱格尔在精神上的私产，而且也读到《美学》最后几页上对反讽的公开谴责的时候，它是一种残酷的联想，促成了一种能够从两方面转换的解释。那么，女人的独一性就是对施莱格尔之流以及他们的性自由原则（施莱格尔“臭名昭著的”小说《卢勤德》[*Lucinde*]）进行谴责的一部分；或者对反讽的谴责就是在某种更深的层面上对排斥女性本身的谴责。它几乎没有什么重要性；安提戈涅这个人物，无论是两种情况中的哪一种，都与众不同地引人注目。

恋物现象（根据弗洛伊德，母亲失去的阴茎）或许也与这些女性主义的不在场有着遥远的联系，而且可能决定了非洲在《历史哲学》中作为一种零度构形（zero degree of figuration）的特殊地位：它是一种排斥，也可以表示“非洲”或恋物宗教，恋物宗教在黑格尔的概念中还不算是一种宗教，也是这个系统不能吸收的独一性。“恋物有一种不可决定性，它使我们在一种辩证法（不可决定性与辩证法之间的辩证法）与一种不可决定性（辩证法与不可决定性之间的不可决定性）之间游移不定”（*DG*，232）。但是在另外一个地方，德里达更具前瞻性地做出了大胆推测，黑格尔“不可能思考这个发挥着作用的机器，或者不可能将它概念化”[4]。或许，这两个特殊的盲点，恋物和机器，莫名其妙地在某一点上聚到了一起，在这一点上，黑格尔被马克思**扬弃**。

最后一个独一性值得一提，因为它让我们转向德里达本人的思想而且至少含蓄地指向它与黑格尔辩证法的区别，如果不是指向它相对于黑格尔辩证法的优越性，这就是**痕迹**（*trace*）思想，只要你称它为思想，更好的或更中立的是称它为**痕迹**现象，**痕迹**

就是既在场又不在场，不过以某种非辩证的方式，甚至**绝对精神**似乎也不能察觉或表达，更不用说容忍了（*DG*，240）。但事后才明白，在那一意义上，我们可以瞥见**幽灵性**（*spectrality*）本身的鬼火闪着的第一束微光，因为它会提出一个极为不同的关于过去与未来的理论，关于历史的理论，不同于那个辩证的理论（见下一章对《马克思的幽灵》的讨论）。

但是，我们在对这一节作出结论时不能不对某种阅读讲几句话，无论它多么具有解构性，它还是一次又一次地给出了明确的解释。扬弃既是家庭的地盘，也是本体论（表现为黑格尔的本质这一形式）的地盘，在这个地盘上，对基督教精神的分析，对家 110
庭的分析，对一般意义上的过渡的分析，特别是对在普遍性下包容特殊性的分析，所有这些在某种意义上都是“相同的”。扬弃很奇怪地，也是一个阉割之地，在一处（*DG*，52）我们被告知是这样，在另一处（*DG*，214），我们被告知它是 *refoulement*（弗洛伊德的压制）之地。可是现在，很清楚，与其说我们是在讨论对黑格尔的攻击（称之为《丧钟》是相当简略的，也是非哲学的），不如说我们是在讨论对拉康和精神分析的抨击（亦见于《真理的因素》[“Le facteur de la vérité”][5]）。精神分析阐释学在此被同化为黑格尔的阐释学，并且被指责为是辩证的。割礼替代了阉割，而拉康的阉割众所周知就是一种扬弃，其中丧失的正是实实在在得到的。肉体的事件却不是这样发生，而是这种威胁——扬弃肉体的，使之成为精神的——促成了菲勒斯（phallus）的出现，与此同时，男性化的作用也出现了；就如同最初的压抑是精神系统首先发挥作用的先决条件。德里达希望“解构”这个新奇的逻辑，并且要说明事实上它就是我们的老朋友扬弃本身：

> 否认一种限制就是要保存它，但保存（一种限制）在这里就是要失去它。保留失去的就是缺乏。扬弃的逻辑瞬间变成了它的绝对他者。绝对的挪用就是绝对的没收。本体—逻辑（onto-logical）一直都可以被重读或重写为一种丧失的逻辑或一种未经检查的支出（“不惜成本”［*dépens sans reserve*］）。（*DG*，188）

这最终是一种对解释的批评，它与德勒兹—瓜塔里在《反俄狄浦斯》中指责弗洛伊德的压抑有一种遥远的家族相似性：你说的是有一个事物确实在暗中——在本质上，用黑格尔的这个术语，它在这里绝对是相关的——是另一个事物。每个事物都有一个无意识的意义，这个意义不同于它自身。阐释学的过程——将这一个事物变成它的更基本的意思——准备就绪，而且的确被辩证的扬弃本身这个运动蛮横地唤来，扬弃保证了对被取消意义的保留，这被取消的意义首先要通过解释才能得以昭示。各种优先权的问题——因果、暂时的优先、本体论的优势、基础的首要性——不是很重要，而且根本无须提起，在这种模糊的认同当中，扬弃掌握着它的一对既明显不同又相互联系，而且最终无法区分的形式。

于是，在这一点上，要提出一个尴尬的问题，即德里达本人的解释拥有何种地位，因为他给出了这些解释，而且很难弄清楚何以它们就不会陷于同样的苛评。因此**绝对精神**最终就是**圣灵感孕**（Immaculate Conception）：

111 像这样将性别差异规定为对立，而且是这样一种对立，它在一般对立（*Entgegensetzung*）的整个过程中发挥作用，在客观性（*Gegenständlichkeit*）和表现（*Vorstellen*）的整

> 个过程中发挥作用，这一规定用来取悦本质性关系的——历史的和系统的——是**圣灵感孕**：如果不是与玛丽生产这个天条有关系的话，至少是与它的前提和结果有关系，即母亲的处女身。它与黑格尔的整个论题密不可分，与思辨的辩证法和绝对的理想主义密不可分，它控制着我们所谓的通向**绝对知识**的**途径**。一旦你将差异改造成了对立，你就无法逃脱**圣灵感孕**的……魅影，也就是说，对立关系的双方所具有的无限神秘的魅影。(*DG*，250)

语言在这里似乎要暗示二元对立有某种“原因上的”优先权（在德勒兹那里得到进一步的展开，我们在下文将会看到）；但是，事实上根本没有这样的优先权；或者更确切地说，这个过程的“开端”本身就是一种出生与起源的奥秘（在哲学本身的出生这种情况中）：

> 如何协调这两个公理：哲学只能出自其自身，可同时她又是某种需要或某种兴趣的女儿，而这种需要或兴趣本身却不是哲学？在它自己的位置上，哲学**进行了预设**。它先于其自身而且在自己的命题中替换了其自身。它在它自己之前出现并且用它自己取代了它自己。(*DG*，110)

尽管如此，如果不确认一种解释，“哲学素”(philosopheme) 的这一内容仍然得不到清晰的表述。下面的这段话像德里达关于辩证法的所有其他重要论文一样具有概括性：

> 理想性，即扬弃的结果，因此是一个本体经济 (onto-economic) 的“概念”。“理念”(*eidos*)，即哲学的一般形式，

> 绝对是家庭的。它将其自身作为“家园”（*oikos*）生产出来：房屋、住宅、公寓、屋子、住处、神殿、坟墓、繁华地带、财产、家庭、种族等等。如果这一切当中有一种共同性，那就是都维护“正当性”（proper）：它进行保留和阻止，避免绝对丧失，或消费它只是为了更好地看着它回归其自身，即使作为死亡的重复。精神是这种重复的另一个名称。（*DG*，152）

众所周知，“自己”是德里达表示一般意义上的规范性（nomativity）的术语（或术语之一），它试图将所有事物都从思想和风格中隔离至主观性和**国家**（State）当中。但这样的区分或许与对黑格尔主义本身的指责一样也是黑格尔式的：每一个人都抱怨很难与黑格尔决裂。

> 不可能有选择：无论什么时候你试图开口**反对**超验，有
> 112 一个公理——约束本身［对概念的扼杀］——限制了你的话语并且迫使它将非超验，即超验领域的外部或被排除的部分，放在结构的位置。这个尚存争议的公理使得被排斥者相当于一种对超验本身的超验，一种仿超验（simili-transcendental），一种超验的违禁品（contraband）。（*DG*，272）

他继续表达了一种希望，希望这一新的违禁品不至于变成一种辩证的矛盾，解构正是以这一希望为基础，但这足以给出一个不祥的预示，即我们只有看完全部的黑格尔辩证法才能实现解构。

2

德里达似乎凭借这种空洞的重复向辩证法施加压力，这种重复似乎也是让他感到精神恐惧的对象，另一方面，它却受到德勒兹的欢迎，成为积极的主题，甚至是一种欢快的、带来生命的力量。它是一种来自克尔恺郭尔而非弗洛伊德的重复：对日常生活的重复，对习惯的建构和获得，是这些习惯让存在拥有其魅力、陌生性以及熟悉性。然而，对此必须要加上尼采的**永恒回归**（Eternal Return）这种欣悦又狂躁的重复；最后，弗洛伊德甚至也可以重新被结合进来，因为他也创造了一种特殊的、独一无二的、无可比拟的驱动力（*Trieb*）促使我们去重复，这一驱动力就是著名的 Thanatos 或死亡驱动力。无须赘言，这些都与德里达归咎于黑格尔的另一类死亡重复没有什么共同之处，但德勒兹将这一类重复与**同一性**和表现联系起来。

将它们两个加以比较甚或并置不是一个关于哲学立场和内容的问题——举个例子，后黑格尔主义哲学家与新尼采主义哲学家形成对照——因为它与我禁不住称之为美学或风格的东西有关，只要最后这一个没有让人联想到艺术的沙箱（the sandbox of art）和思维本身顽皮的平凡化。最好谈一下阅读模式（类似于行为模式），比如，斯特拉文斯基（Stravinsky）在这一方面与勋伯格（Schoenberg）形成对照，因为由于混杂的历史感情和生气勃勃的、创造性的影响焦虑，两者或许都对贝多芬充满神思遐想。[6] 德里达对黑格尔那些冗长章节的重现也可以说相当于斯特拉文斯基对经典的借用和改造；而德勒兹——但现在将艺术的全部模式加以比较，而不是像这样只比较作曲家似乎更加恰当——将每一个概念当作一种新的色彩和实际上是一种新的空间来处理（的确，这两位哲学家对于彼此就好像反叙事与一种有多个叙事中心的非比喻性游戏之于彼此）。

113 因为这是德勒兹自己关于哲学家如何创新的想法；而且在他那里，没有什么比这种现代主义更加深刻，它强横地要求发明新东西，即使对待古典哲学家也是如此（我们需要用**拼贴**［*collage*］的方式来处理他们，他说，敦促我们产生与过去的疏离［estrangement］，“一个长着哲学胡须的黑格尔，一个刮光哲学胡须的马克思”[7]）。这些“博学的枯草”（*doctorus subtilis*）的最复杂、最隐晦、最学究气的理性事实上也不过是一个全新空间的几张草图，引发了某种电影摄影术的哲学化；与电影书籍中简要勾勒的哲学性电影摄影相对。所以，诸如此类的表现——“无限的表现”就是他用来替换黑格尔的**绝对精神**的术语——带来了一种全新的凶恶的且具包容性的魔咒：

> 当表现在其自身内部发现了无限性，它看上去是狂乱的而非有机的表现：在其自身内部表面的平静下面，在组织化的局限之外，它发现了骚动、不安以及狂暴。它再次发现了那个魔鬼。在那一点上，它不再是一个关于那一幸福瞬间的问题，这个瞬间比得上规定（determination）进入一般概念的出入口，一个相对的最低限度或最大限度，扎孔近侧（puncture proximum）和刺点远侧（punctum remotum）。相反地，眼睛必须既是近视的，又是远视的，目的是使概念抓住其自身的所有时刻：这个概念现在就是**一切**（All），无论它是否将自己的祝福推及所有的方方面面，或者相反地，对于它们的脱离和悲惨遭遇给予一种宽恕，好像那些都是被反射回到它这里似的。这个概念因此在它所有的变换过程中跟随着规定从一头到另一头并且与它合成为一体，而且通过

> 把它让渡给一种奠基或基础（*fondement*）将它表现为纯粹的差异，在基础层面上，它从此以后不再有任何意义，无论我们决定面对一个相对的最低限度还是最大限度，是一个大还是一个小，是一个开端还是一个结束，因为所有这些成对的组合在基础阶段都重合为一个和同样的“总体”时刻，同时它也表示差异及其生产，以及它的出现和消失都在渐渐减弱。（*DR*，61—62；42）

让波兰斯基（Polanski）见鬼去吧！在这只病态的表现之眼中，这个世界的所有客体都是颠倒的，这只眼睛肿胀着而且被拉长了，它把它们的形状和影子都投射在“概念”（*Begriff*）本身这个凹闭包（concave closure）上，它从内部传达出黑格尔的“无限伟大的崇高”（*DR*，65；45），饱含着德勒兹对过去那些哲学家所有创造性智慧的同情，德勒兹甚至在他重新设想这些哲学家的相貌时也是如此。这对他来说是一个难题，因为这不是一种在 114
任何地方都被渴望的同情，而且对文本、作品、导演、风格、概念的全方位赏识——在德勒兹那里无人能比——与他同样投身其中的好战的、进攻性的二元主义不相兼容。不可能让黑格尔在外面耐心地期待对自己的解构；必须即刻将他归入**国家**的辩护者当中，而不是当作游牧民的同行者；辩证法的瑕疵不仅是错误，它们也是危险的力量和传染病，需要**永恒回归**这股非常纯洁的风来将其驱散。

表现、同一性、差异——你可能忍不住要将如此多的主题归到德勒兹和德里达等人的头上，与此同时还有他们对规范性和法（the Law）的共同憎恨；他们二人确实都是研究**差异**的最出类拔萃的哲学家，用哪种拼法并不重要——但是他们之间有这样一个基本“差异”，即从长远的立场看，德勒兹是一个本体论者。毫无疑问，他研究的是差异的本体论而不是同一性，可是，他当然也希望歌颂一种形而上学："彼此相像的始终是各种差异，它们是类似的、对立的或相同的，任何事物的背后都存在着差异，但是在差异背后，却什么也没有"（*DR*，80；57）。

既然如此，在某种形而上学或本体论的意义上，**差异**在此就是**存在**本身；如果你记得对德勒兹而言，重复就是时间，他那本伟大著作的标题调整为《存在与时间》（*Sein and Zeit*），尽管在法文版中，更多的是受到柏格森和加百利·塔德（Garbriel Tarde）而不是胡塞尔的启发。无论如何，没有什么比本体论的断言或主张，更不用说形而上学的断言或主张，离德里达的哲学气质更遥远的东西了（的确，他后来反对"马克思主义"主要是因为其本体化趋势，也就是说，它着迷于将自己变成一种**哲学**，变成一种哲学系统）。

因此，德勒兹的工作标志着一种痉挛性的，但却是妙趣横生的努力，他要疏远词语的传统意义，费力地一次又一次地强行将"重复"与它平常的意思剥离开，如乏味、同样，并且赋予它独特的、对抗一般性的经验："重复是一种行为，不过是相对于某种独一无二的或独特的事物而言，它没有相似性或对等性"（*DR*，7；1），而且这正是它逃离替代性、交换性、单纯的相似性等一般规律或普遍规律的原因所在。**时间**本身如何从重复的各种"弯曲原子"中出现是《差异与重复》（*Difference and Repetition*）不得不说的一件大事。

至于差异，它在某种程度上就是最初的魔鬼，是与纯粹的存在本身接触的时刻：

> 不是一个将其自身同另外一个事物区别开来的事物，我们来想象一个事物，它确实对其自身加以区分——但是它将

> 其自身**从**某种事物中区分出来，这一事物却没有从它那里区 115
> 分出来。例如，闪电将其自身同夜晚的天空区分出来，但必须以某种方式将天空同它拉在一起，就如同它将自己从某事物当中区分出来，而这个事物又没有明显的不同。这就好像基础升到表面上来，同时依然是基础一样。在两边都有某种非常残酷，甚至邪恶的东西，在这场对抗一个难以捉摸的、感觉不到的敌手的斗争中，明显不同的事物与难以从它当中区分出来的事物相对立，而且它还继续参与到将自身从其中区分出来的事物中间。差异就是决心成为单边特征这样一种状态。（*DR*，43；28）

差异这个“魔鬼”让你想起拉康那个无形的、可怕的“物自体”（Ding）或“事物”（chose），就是雷娜塔·沙利塞（Renata Salecl）在希区柯克的影片《申冤记》（*Wrong Man*）[8] 中那面破碎的镜子中所看到的东西：真体（noumenon）在没有任何警示的情况下突然撕裂了表象的面纱所造成的新鲜和恐惧。那么，德勒兹的现代主义就是要忠实于**新的**和纯粹的差异所带来的新鲜和恐惧。

但是，对我们的目的而言，关键是竭力将“差异”呈现为一个意义明确的术语，它没有对立面，而且在这里是基本的活动。占据首要地位的同一性必须被废黜，在从亚里士多德到黑格尔的所有传统哲学中，它都保持着首要地位：它必须先在场以使**来自**这种同一性的差异出现。德勒兹认为这一基本的逆转得益于斯宾诺莎，它假设：

> 同一性不是第一，它的确是作为一个原则而存在，但只是第二原则，是一个被生产出来的原则［*comme principe*

> *devenu*]；它在差异周围盘旋，这就是哥白尼革命的性质，它使差异可能拥有自己的概念，而不是让它一直处在一个已经被假定是同一的一般概念的控制下。(*DR*，59；41)

如果我们想建立并掌握一个其自身就是**差异**的概念，那么，就必须避开另外三个参与到“同一性”中的特征：类比、相似以及对立（*DR*，44—45；29—30）。很显然，在破坏辩证法并代之以一种极为不同的逻辑的过程中，最后一个才是至关重要的。

必须不惜一切代价避免差异与对立“成为同一”，很清楚，如果我们到了这一地步，我们就处在黑格尔辩证法的强大掌控之中，它会冒险带着我们与它一道一直走到**逻辑**的尽头。为了避免将骄傲的、异教徒的差异包容在某种关系的束缚中，这种关系用一根魔棒一点就会把它重新变回同一性，我们还必须避免一些其
116 他的东西，即那种暗中为害的黑格尔式否定，就是那种对黑格尔而言是历史的原动力的否定力量——“否定性的劳作与受难”——矛盾本身的核心，可以这么说，黑格尔的本体论原则是这个世界本身最初的力量。在德勒兹的论点中，一切都有赖于将否定性隔离开这种可能性，将**逻辑**的能量悬置起来可能产生一种巨大的权力暴行，在这里能瞥见这个患上精神分裂症的宇宙未经触碰的新鲜的可能性。

> 我们能够进入到这种法理上的精神分裂中一段很短的时间，这种精神分裂是思想的最高力量的特征，而且它将**存在**与差异直接联系起来，轻蔑地略过这个概念的所有中介和协调。(*DR*，82；58)

这是一种反辩证、反黑格尔的攻击所使用的典型诡计：在**自然界**

没有否定，据说，只有纯粹的存在（或各种存在）。[9]是人类现实将否定带给这个充斥着各种存在的世界：它是**存在**这颗钻石上的瑕疵，萨特如是说。而且很显然，任何这样的行动都把我们重新送回到康德那里，让黑格尔的努力化为乌有，除非是作为一种文学练习或一种神秘的嗜好。

我不确定这个论点在这一层面上可以被承认还是被驳斥。在黑格尔那里，正如我们所见，**同一性**必然从其自身产生**差异**，而**差异**必然重新变为**同一性**，只要我们关注它的时间更长一些。这种否定性在这些范畴本身的变形当中出现，我们可以说无助地见证了这种情况发生。它们不是我们的行为，而且不仅仅是主观的；如果它们只是在思想当中，那么我们就需要另外的词来表示这个并不暗示个体意识的特征。我待会儿会讲为什么我们能够像拒绝这种否定运动一样容易地接受它。

但首先，你必须注意到出现了一个补充层面，在该层面上，德勒兹开始反对否定性，反对对立的论证。我想我们姑且承认，如果这后一项是成功的，那么整个的辩证法、中介以及它的所有其他部分便都“一败涂地”，黑格尔喜欢这么说，因为它们都以否定为前提。但是在这一点上，德勒兹明智地测算出关键的东西并且敏锐地判断出后果，他变换了论证的领域，转向所谓的叙事模式。这实际上就是他用以非难柏拉图的模式——神话（*DR*，86；61），它确实就只意味着叙事本身而已，而且在《丧钟》中，德里达已经运用它对黑格尔本人进行了批判。可是在德勒兹那里，这种原叙事（proto-narrative）是我们在上文已经考察过的第一段引述中被施了魔法的宇宙的一个标本，它也是我们在其他地方称之为他的二元主义（见下文）的那个空间，它携带着哲学 117
的凭证，以一名真正的哲学家（philosophe）或哲学主题之名受洗，这就是**表现**。无可否认，因为海德格尔，表现和表现性思想的问题成为现代性最迫切的哲学问题之一，而且没有人可以怀疑它的意义和相关性。至少看起来更有争议的是范畴问题和逻辑问题（差异是否真的以同一性为前提?）与表现之间的关联，此后，德勒兹反对黑格尔的论证都建立在这种关联之上。因为反对对立与否定的论点的确意在成为反对表现的论点，表现的特征最终都离不开中介（*DR*，16；8），也离不开围绕一个中心的统一性（*DR*，79；56），最后也离不开技术性（*DR*，81；58）。

这个论点的一个新的“神秘”转折将依靠这种先在的认同，它让**同一性**与**表现**都扮演了巫师的角色，而且对这种辩证法的支持者给予矜持的尼采式嘲讽，这些人就像查拉图斯特拉的驴子，背上驮着秩序和伦理的重负（扬弃的真正含义［*DR*，75—76；53—54］）：

> 似乎**差异**是邪恶的，而且已经变成了否定，它只有通过赎罪才能得到确认，也就是说，继续承担已经被否定之事物和否定本身这两个负担。那种古老的诅咒一直从同一性原则的高处向下回荡着：只有那样才能被拯救，它不仅被表现，而且得到无限的表现（概念或 *Begriff*），它还保留着它所有的否定力量，旨在最终将差异让渡到同一。（*DR*，76；53）

只有**永恒回归**可以将我们从这种奇怪的不稳定状态中解救出来，在这种状态中，被误导之人的灵魂游荡着，仿佛他们从来不曾活过：

> 所有否定的事物，所有施行拒绝和否定的事物，所有在其自身内部包含着否定的这些不冷不热的断言，这些苍白

> 的、不合法的、出自**不是**（the No）的**是**（Yeses），所有不能经受住永恒回归的考验的事物，所有这一切都要被否定。即使永恒回归是一个轮盘，它也必须被赋予一种离心力，将所有“能够”被否定的事物和不能经受这种考验的事物甩掉。关于那些没能“相信”这种永恒回归的人，尼采阐明了一种真正轻微的惩罚：他们什么都感觉不到，他们将过着一种纯粹是朝生暮死的生活！他们将感觉他们自身，熟悉他们自身，从而知道他们是什么：单纯的衍生体（epiphenomena）；这就是他们的**绝对知识**。（*DR*，77—78；55）

表现性思想将我们从直接性中迁移出来，直接性就是“真实生活”的现实，难道黑格尔在将直接性作为他哲学化过程的真正目标时不承认这些吗（难道德勒兹希望给他的反立场授以“超经验 118
主义”［hyperempiricism］之名也不是偶然的吗？尽管这个口号注定要导致所有的误解）？但是，德勒兹的立场比我们此前在综述中顺便提过的各种存在主义的反黑格尔主义思想稍微复杂一点：它的尼采主义也是一种现代主义，在其中“存在的经验”受到赏识，不是因为它“有过生命”，也不是因为它是“真实的”，而是因为它是**新的**。例如，在对冥想（contemplation）的颂扬中有一种审美的满足（*DR*，101ff；70ff），较之各种更加阴郁的存在主义，冥想赋予它一种不同的能量和喜悦。这“仅仅”是美学的吗？它是否也能容纳一种恰当的哲学立场（在任何传统意义上）？而且它的二元主义攻击性如何也可以是政治的？对“差异哲学”的种种任务所做的这些东拉西扯的反思在这方面是有启迪作用的，即使不是结论性的：

> 一般而言，有两种引发“必然毁灭”的方式：一种是诗

> 人的方式，他们以创造力之名言说，能够推翻所有的秩序和表现，目的就是要确认**差异**是永恒回归这一永久性革命的条件；另一种是政治家的方式，首先考虑否定“有差异”的事物，目的是保留或延长某种历史上已经建立的秩序或建立一种历史秩序，这种秩序要求这个世界适合于它的表现形式。（*DR*，75；53）

既然我们了解了这些不同词语在情感上的震撼力，很显然，诗人成功地打败了政治家，而且“各种哲学”也不得不选定立场并试一下自己的运气如何。

即便如此，如果表现作为一种力量和现象到头来比德勒兹所希望的更深刻地类似于美学，那这种非难就成了一把双刃剑：它或许还不足以就这样将表现清除掉，如果非表现或反表现的结果（无论是在艺术上还是在哲学本身）在它们最深层的内容上仍然是美学的话。

德勒兹已经预见到其他以更加平和的方式提出的反对：确认**差异**对某些人而言似乎是一种不冷不热的多元主义或自由主义。

> 最大的危险是落入对“美好灵魂”的表现中［黑格尔和歌德的“美丽的心灵（*schöne Seele*）”］：只有差异是可以调和的，是可以联合的，是远离血腥冲突的……而这个问题的概念，我们会发现是与差异概念连在一起的，似乎也适合为最受人喜爱的美丽灵魂的心灵供给养分：只有难题和问题是重要的……（*DR*，2；xx）

我们在上文中谈到这第二个主题，因为对第一个而言，你会禁不住同意“差异”在自由的多元论意义上不一定是“多样性”。不过，这一点在今天也已经成为政治问题（“同一性政治是一种差异政治吗?”），而且恐怕也不会很快从人们的讨论中消失。

但是，对于德勒兹强大的批判，我自己的反应暂时可能有些 119
不同，而且可能需要将实践召唤到场（或许在冥想意义上暂时取代德勒兹那个古怪的自我塑造［self-characterization］）。在黑格尔那里，尤其是在他的《逻辑学》中，**同一性**优于**差异**（或反过来）这个问题似乎不如它们之间不可避免的相互转变那么重要，只要你长时间地关注它们其中的任何一个。优越性或许是一个形而上学的问题；**差异**隐匿于**同一性**当中，**同一性**隐匿于**差异**当中，这恐怕是另外的问题。产生于这种奇怪的巨大变化的东西就是**对立**的突然出现，伴随着暂时的替换品——例如纯粹的“多样性”——这些替代品不可能长时间地令人满意；这种焦躁不安的、来来回回的交替就是这样被理解为一种新的形象。德勒兹最后为今天的我们详细阐述了由完全没有任何章法的差异组成的混乱无序的世界观所具有的吸引力，这种消解了形式并上升至无形式、不确定这个表面所产生的吸引力——

> 一种我们只能称之为游牧的分配，一种游牧的“诺莫斯”（*nomos*），它没有本质属性，不会封闭，不能量度。在那里，没有对被分配事物的精确均分，只有对那一切的放弃，它们自己将自己分配到一个开放的、没有边界的无限空间。没有什么东西是什么人的权利或属于什么人，每一个人都被散播到四方各处，旨在填满尽可能大的空间。即使我们不得不处理生活中最严肃的事情，它似乎也是游戏的空间，是一种游戏规则，对立于固定空间和固定法则（诺莫斯）。（*DR*，54；36）

这两种呼唤都具有空间特征，这一点后来将非常重要，深度浮游到表面，但更多的是在这里对围绕某种要被填充和殖民化的空间隐喻（metaphorics）进行再定位。

阴郁、主观的眼神会把这一偶然的、欢快的随机性重新吸收成为“固定的”内在性和集合（在黑格尔那里是一种再集合［re-collection］），唤醒这种眼神的同时也可能出现其他的比喻，此刻，这么说可能是合适的；甚至也可能将这个特殊的球踢回到德勒兹本人那里，因为正是他首先想要根据冥想来展现物质。可是，假设正统辩证法在那一意义上根本不是冥想的或主观化，会有怎样的情形呢？假设相反地，将同一性和差异重新组织成为对立，类似于对不稳定状态（flux）的积极干预，而且这绝对是一种实践，在这一实践中，宇宙论的物质被重新组合成各种巨大的、松散的力量，旨在最终将它们赶进**矛盾**本身的革命性突进当中，这又会怎样呢？

总之，属于某种世界观的二元主义是一种静态的事物，它改造其自身并且一次又一次地回归，却没有这里所介绍的永恒回归
120 的快乐。另一方面，矛盾是历史时间内的一种冲突，是对一种独特的历史瞬间的把握，无论其结果怎样。最后，干预和实践的意义较之令人陶醉的起起落落的尼采式欣悦更具有激励和推动作用。

3

在最后一个时刻，回到黑格尔的主观性和自我意识问题是很有价值的。我们或许已经（温和地）表示反对那种建构行动，黑格尔正是从这种建构行动坚持系统和主体的同一性，在类似于某种主观性的框架内坚持重建他的庞大的过程性统一。那些时刻可

以被主体性重新吸收，而且成为非常不同的时刻——这不是特别令人反感，而且的确是所谓思辨性思想的思辨投机的重要部分。可是，**总念**最终成为某种以具体的个人意识作为其最高形式的东西，而且我们的老朋友“资产阶级个体性”在这里获得胜利，或至少对这种冒险思想的外层限制做出了清楚的说明，这些将会造成一种印象，即后个人主义社会不如人文主义社会，这作为一种意识形态控制损害了整个辩证法，使一代人束缚于“主体的死亡”，束缚于福柯那个著名的“从沙海中抹去人类的面容”。

与惯常一样，还是德勒兹又一次敲响令人警觉的鼓点：

> 在伟大的黑格尔式综合中，无限性被重新引入到有限**自我**（Ego）的活动当中。你有理由怀疑这些变化的意义……神圣实体（divine substance）的单一性和同一性［然而］事实上只是某个同一性自我的担保人，只要自我在，上帝就在。一个综合而成的有限自我与一个善于分析的神圣实体是一体的，是相同的。这就是何以人/上帝这一排列如此令人失望并且让我们毫无进展的原因。尼采似乎第一个注意到上帝的死亡只有在自我消解的情况下才会真正发挥作用。接下来出现的是被预言为由各种差异组成的存在，这些差异既不在实体中，也不在主体中：如此多的隐晦论断。（*DR*，81；58）

不过，我认为所有这些讨论最重要的特征是倾向于显露自我意识的性质，它始终是所有围绕该主题组织而成的哲学的关键，其自身就是一种奇怪的误用（misnomer），因为“意识”是与人有关的，是值得谈论的——与我们想要归到动物和植物等类别中的任何事物不同——它总是首先被定义为自我意识。

但自我意识是什么的意识？难道你不是不惜通过冒险使用这
121 样一个逐渐呈现出名称和指涉的稳定性的标语来保证你自己在自身（self）和自我（ego）方面有某种稳定性吗？我在他处[10]已经论证过我们目前对自我意识思想的忧虑是一种表现性困境的症状（更不用说在每个转折关头下意识地呼唤“自反性”了，这时任何“现代性”一类的事物都需要找出明确的特征），它声明主体性首先根本不可能被表现，因此它表面上的所有定义和解释在很大程度上都是比喻体系，这样最容易也最便于促成这种困境。

这样的机器，黑格尔是有几种的：反射本身，他经常这样称呼自我意识这个被随意命名的术语，在字面上是从镜子和光的角度[11]来进行描述，而众所周知，自我意识的时刻是因为两种意识的冲突而出现的（这两种意识会成为**主人**和**奴隶**）。这两个形象都没有任何特别神秘之处：它们甚至似乎对德里达借以指责扬弃的认同冷漠（identificatory indifferentiation）也未做出任何暗示。尽管如此，内化语言和内在性在所有的地方都确实非常强大，而且似乎要求有某种当代的替代品。

没有人在此比福柯更具启发性地提出新的可能性，福柯 1966 年的文章《出位之思》（“La Pensée du dehors”）[12]按照自己的立场，在自己的领域内接受了“内在化”的挑战（文章的标题和主题的确都得益于莫里斯·布朗肖［Maurice Blanchot］），它推翻了这些立场并提出了一种外部思考的公式，一种处于外部而非内部的思考。布朗肖本人处理这一新概念的方法一直是临时的，并且是折中的，或许应该感谢列维纳斯（Levinas）的**他者**概念，不过，由于布朗肖的语言向“中立”（*le neutre*）靠拢——极端地去人格化（depersonalized）——所以丧失了这些关联性，它们现在在福柯的理论化中也完全缺失。后者，更确切地说，不是以思维而是以语言开始，它在没有第一人称叙述的语境中奇怪地漂流，它远没有将我们送回到温暖的内在性和主体性身边，相反在它们周围，一种无限的虚空变得清晰可见。这类意见（在布朗肖那里，它们是尼采的碎片）已经不再是人的有意义的行为和动机，而是一种"纯粹的外部性表现形式，语言最初以声音的形式展开"（"étalement du langage en son être brut，pure extériorité déployée"）（*DE*，519）。正是这一点标示出一个真正的现代主义文学领地和从未被发现的大陆（不是福柯的语言，而是肯定布朗肖的理论化对象）：

> 文学不是语言本身撤回到引发争论的体现形式这一点上，而是语言尽量远离其自身；而且如果在这一场景中，在"其自身之外"，它揭开了其自身存在的面纱，它就是一个真相，突然将隔阂暴露出来，而不是一种逆转，是一种播撒，而不是各种标志返回其自身。（*DE*，520） 122

在这里，你肯定会回想起黑格尔对于各种范畴返回其本身或本身内部表现出难以自拔的反公式化，也会回想起这些范畴的为自身的存在（being-for-self）的生成，它是一系列形式化的高潮。毋庸置疑，福柯心里是有文学的，而且他的确也详细阐述了伟大的现代主义的冗长故事，它们是法国的现代主义经典，对此，布朗肖的责任比任何人都大：萨德（以及荷尔德林，尾随拉普朗什［Laplanche］归化了），马拉美，巴塔耶，克洛索斯基（Klossowski），当然还有布朗肖本人（这个"泰凯尔"小组［*Tel quel* group］后来加上了洛特雷阿蒙［Lautréamont］）。坚持外在性的思想家还不止这些（有人认为福柯也把自己算在他们中间），但是，他们的坚持"人文主义"传统的敌人中最著名的就是康德和黑格尔以及后来研究异化的思想家。关于外在性的虚构展现，福柯这样说道：

> 虚构因此不在于使可见变得不可见，而在于使我们明白可见物的不可见性究竟是如何不可见的。由此，它与空间更深层的同源关系被理解为是相对于虚构而言，就如同否定相对于反思而言（辩证的否定就被理解为与时间的寓言联系在一起）。（*DE*，524）

思想的空间化：你不会贸然希望将福柯归在后现代主义者中间（他在《事物的次序》[*The Order of Things*] 中对文学和语言的黑暗力量的呼唤是深刻的现代主义），可是，在这种想法中确实有某些预言性和预告性的东西，他自己也希望如此。

但是，康德和黑格尔真的过时了吗？康德认为主体对于意识是无效的，主体事实上是一个真体，是一个类似于世界或上帝的更深层现实的物自体，这些古怪的想法似乎就是要在陈腐的信念（doxa）意义上摒除自我意识，而且要推行某种更接近“外部思想”的东西：是对让思想进入到秩序当中的事物形式进行一种试探性的盲诊，从症状上看，旨在探测出它更真实的外部形态。至于黑格尔，亨利·勒菲弗尔[13]呼唤的空间辩证法难道不是比福柯所指出的《逻辑学》是时间性“寓言”特征，《逻辑学》罗列了一大堆范畴——在语源学意义，其作为一种学说是名副其实，更
123 适合我们的时代和需要吗？如果《逻辑学》的各个范畴已经就是福柯所呼唤的这种外部思想，情况会怎样呢？在福柯引发的语言虚空当中真的出现了这么多奇怪的形态……这就要求助于德勒兹的一个相关概念，即“思想的影像”（image of thought）[14]，我们已经知道它可以在这些由个体概念组成的奇怪的新型空间和色彩中安顿和表达其自身。有点像拉康的“倾听”（*écoute*），指的

是听病人说话，听它的节奏和停顿，听它的音量和音色，听它的外在特征，而不是听病人以为自己正试图要表达的明确思想。我认为，我们需要这样来考虑黑格尔处理范畴的方式的可能性：对个体范畴形态进行一次触诊，一次倾听，仿佛它来自外部，来自一种外部的边缘，其中思想不是被表达的，而是被描绘的。这正是他的一位听众对他的语言特征所做的描述：

> 要解释黑格尔冗长复杂的叙述，我只能猜想他是用名词在思考，以至于在对某个客体的冥想当中，它的各种关系在他看来就是诸多形状，它们相互作用，而他首先不得不将它们的行为翻译成语词。某些最受青睐的建构引人注目地出现在这一过程中，例如那些模仿法国人的建构……结果是，黑格尔不得不偶尔停下来，以保证自己的书写不会在语法上不正确。并不是他不了解语法规则，而是因为他首先得翻译他的思想的内容，所以每句话在他看来都好像是外语。[15]

【注释】

[1] See Tran Duc Than, *Phénoménologie et matérialisme dialectique*, Paris: Minh-Tan, 1951.

[2] Paris: Galilee, 1974. 除非另注，本文所有的页码都指的是这本书。后面对 *Glas* 一书的参考均标注为 *DG*，所有的翻译都出自作者本人之手。

[3] 见这本书“From Tragedy to the Dialectic”一章的开始部分。

[4] Jacques Derrida, *Marges de la philosophie*, Paris: Minuit, 1972, 126；英文版 *Margins of Philosophy*, trans. Alan Bass, Chicago: Chicago University Press, 1983, 107。

[5] “Le Facteur de la vérité,” in Jacques Derrida, *La Carte postale*, Paris: Flammarion, 1980.

［6］指阿多诺的 *Philosophy of Modern Music*。

［7］Gilles Deleuze，*Différence et Répétition*，Paris：PUF，1968，4；英译为 *Difference and Repetition*，trans. Paul Patton，New York：Columbia University Press，1994。后面对该书的参考均标注为 *DR*，页码顺序为法语版在前，英语版在后，用分号隔开。注意：这里的英译出自作者之手，而非 Columbia 版。

［8］Renata Salecl，"The Right Man and the Wrong Woman，" in *Everything You Always Wanted to Know about Lacan* (*but Were Afraid to Ask Hitchcock*)，ed. Slavoj Žižek，London：Verso，1992，185—194.

［9］这里参考的经典是康德 1763 年关于负量的文章。

［10］见 *A Singular Modernity*：*Essay on the Ontology of the Present*，London：Verso，2002。

［11］见 Hegel，*Encyclopedia Logic*，par. 112，par. 163；关于这一文献的全部历史，见 Rodolphe Gasché，*The Tain of the Mirror*，Cambridge，MA：Harvard University Press，1986。

［12］Michel Foucault，*Dits et écrits*，Vol. 1，Paris：Gallimard，1994，518—539；英语版为"Maurice Blanchot：The Thought from Outside"，trans. Brian Massumi，in *Foucault/Blanchot*，New York：Zone，1987。后面对该书的参考均标注为 *DE*。

［13］Henri Lefebvre，*La production de l'espace*，Paris：Anthropos，1974，382.

［14］Deleuze，*Différence et Répétition*，Chapter 3.

［15］Karl Rosenkranz，*Georg Wilhelm Friedrich Hegel's Leben*，Darmstadt：Wissenschaftliche Buchhandlung，1969（1844），361，引自 Sietze 教授。

（俞嘉　译）

The Hegel Variations: On the Phenomenology of Spirit by Fredric Jameson

First published by Verso 2010

图书在版编目（CIP）数据

黑格尔的变奏：论《精神现象学》/（美）詹姆逊著；王逢振主编；王逢振译．—北京：中国人民大学出版社，2018．5

（詹姆逊作品系列）

ISBN 978-7-300-21031-5

Ⅰ．①黑…　Ⅱ．①詹…②王…　Ⅲ．①黑格尔，G．W．F（1770—1831）-现象学-思想评论　Ⅳ．①B516．35②B089

中国版本图书馆 CIP 数据核字（2015）第 065694 号

詹姆逊作品系列

王逢振　主编

黑格尔的变奏

——论《精神现象学》

[美] 弗雷德里克・詹姆逊（Fredric Jameson）　著

王逢振　译

Hegel de Bianzou

出版发行	中国人民大学出版社		
社　　址	北京中关村大街 31 号	**邮政编码**	100080
电　　话	010－62511242（总编室）		010－62511770（质管部）
	010－82501766（邮购部）		010－62514148（门市部）
	010－62515195（发行公司）		010－62515275（盗版举报）
网　　址	http://www.crup.com.cn		
经　　销	新华书店		
印　　刷	涿州市星河印刷有限公司		
规　　格	150 mm×228 mm　16 开本	**版　　次**	2018 年 5 月第 1 版
印　　张	15 插页 2	**印　　次**	2023 年 4 月第 2 次印刷
字　　数	177 000	**定　　价**	78.00 元